AF367785

L'IMITATION
DE
IESVS CHRIST
MISE EN VERS
FRANCOIS
PAR
PIERRE
CORNEILLE

L'IMITATION

DE
IESVS-CHRIST.

Traduite en Vers François par P. C.

Enrichie de Figures de Taille douce
sur chaque Chapitre.

LIVRE TROISIÉME.

A PARIS,

Chez ROBERT BALLARD, seul Impr. de la
Musique du Roy, ruë S. Iean de Beauuais,
au Mont Parnasse.

M. DC. LIIII.

AVEC PRIVILEGE DV ROY.

AV LECTEVR.

E n'est icy que la moitié du Troisiéme Liure ; ie l'ay trouué assez long pour en faire à deux fois. Ainsi ma Traduction sera diuisée en quatre Parties, pour estre plus portatiue. Les deux Liures que vous auez desia veus en composeront la premiere, celuy-cy fournira aux deux suiuantes, & le quatriéme demeurera pour la derniere. Ie vous demande encor vn peu de patience pour les deux qui restent, elles ne me coûteront que chacune vne année, pourueu qu'il plaise à Dieu me donner assez de santé & d'esprit. Cependant j'espere que vous ferez aussi bon accueil à celle-cy que vous auez fait à celle qui l'a precedée. Les Vers n'en sont pas moindres, & si j'en puis croire mes amis, i'ay mieux penetré l'esprit de l'Autheur dans ces trente Chapitres, que par le

ã iij

paſſé. Il n'a fait de tout ce Troiſiéme Liure qu'vn Dialogue entre Ieſus-Chriſt & l'ame Chreſtienne, & ſouuent il les introduit l'vn & l'autre dans vn meſme Chapitre ſans y marquer aucune diſtinction. La fidelité, auec laquelle ie le ſuis pas à pas, m'a perſuadé que ie n'y en deuois pas mettre, puiſque il n'y en auoit pas mis; mais i'ay pris la liberté de changer de Vers toutes les fois qu'il change de Perſonnages, tant pour aider le Lecteur à reconnoiſtre ce changement, que parce que ie n'ay pas eſtimé à propos que l'homme parlaſt le meſme langage que Dieu.

Approbation des Docteurs.

LE liure de l'Imitation de Iesus-Chrift auoit honoré toutes les Langues des Nations mesmes les plus éloignées, mais il n'auoit point encore parlé celle de la Poësie. Ce trauail estoit reserué à Monsieur Corneille pour en exprimer parfaitement dans la douceur de ses Vers tout l'esprit & la lettre. La grandeur du sujet, le merite de l'Autheur qui en a fait le choix, & la maniere dont il a sçeu le traiter, donnent à cet Ouurage plus de recommandation que tous les eloges possibles; & tout le témoignage que nous en pouuons rendre, est que cette Traduction est toute fidelle, toute Orthodoxe, & toute conforme à son Original, & par consequent tres-digne de passer dans les mains de toutes les personnes de pieté, tres-vtile pour inspirer les plus belles Maximes de la Morale Chrestienne, & capable de faire de tres-grands fruits. C'est ainsi que nous soussignez Docteurs en la Sacrée Faculté de Theologie de Paris, & Chanoines de l'Eglise de Roüen, l'auons estimé. A Roüen le 12 d'Aoust 1654.

GAVLDE, R. LE CORNIER.

faits, & de tous dépens, dommages & interefts : Faifons pareillement dé-
fences fous les mefmes peines à toutes perfonnes, de quelque condition
qu'elles foient, de faire regrauer lefdites Figures de taille-douce dont
ladite traduction a efté & fera à l'auenir enrichie par l'Expofant, pour
les employer dans le texte Latin, ou dans quelqu'autre Verfion de ladite
Imitation, en quelque Langue qu'elle puiffe eftre, ny mefme pour les
vendre & debiter en Images feparées, fans le confentement dudit Expofant, ou de ceux qui auront droit de luy ; A condition qu'il fera mis deux
exemplaires de ladite traduction en noftre Bibliotheque publique, & vn
en celle de noftre cher & feal le Sieur Molé Cheualier, Garde des Seaux
de France, & de faire enregiftrer les Prefentes au Regiftre de la Communauté des Libraires de noftre bonne Ville de Paris, auant que d'expofer
lefdits exemplaires en vente, à peine de nullité des Prefentes. Nous voulons & vous mandons que vous faffiez iouir pleinement & paifiblement
ledit Sieur Corneille, & ceux qui auront fon droit, fans fouffrir qu'il leur
foit fait ny donné aucun empefchement : Voulons auffi qu'en mettant au
commencement ou à la fin de chaque Volume de ladite Traduction vn extrait des Prefentes, elles foient tenuës pour deuëment fignifiées, & que
foy y foit adiouftée, & aux coppies collationnées par vn de nos amez &
feaux Confeillers & Secretaires, comme à l'Original : Mandons au premier noftre Huiffier ou Sergeant fur ce requis, de faire pour l'execution
des Prefentes tous exploits neceffaires, fans demander autre permiffion :
CAR tel eft noftre plaifir, nonobftant Clameur de Haro, Chartre Nor-
mande, & autres Lettres à ce contraires. Donné à Paris le trentiéme
iour de Decembre l'an de grace mil fix cens cinquante-trois : Et de noftre
Regne le Vnziéme. Signé, Par le Roy en fon Confeil, GVITONNEAV.

Enregiftré fur le Liure de la Communauté des Libraires & Imprimeurs
le 5 Mars 1654. Signé BALLARD, Scindic.

**Et ledit Sieur Corneille a cedé & tranfporté fon droit
du Priuilege cy-deffus, au Sieur Ballard Marchand Libraire
à Paris, fuiuant l'accord fait ent'eux.**

---

*Acheué d'imprimer pour la premiere fois à Roüen,
Par Laurens Maurry, le dernier d'Aouft
mil fix cens cinquante-quatre.*

TABLE
DES CHAPITRES CONTENVS
en cette premiere Partie du Troisiéme Liure.

S. MATHIEV quitte sa Banque
pour suiure IESVS CHRIST.

H. Dauid Fecit

L'IMITATION
DE
IESVS-CHRIST.
LIVRE TROISIESME.

CHAPITRE I.
De l'entretien interieur de Iesus Christ auec l'ame fidelle.

IE veux prester l'oreille à cette voix secrette
Par qui le Tout-puissant s'ex-
plique au fond du cœur,
Ie la veux écouter, cette aimable interprete
De ce qu'à ses Esleus demande le Seigneur.
O qu'heureuse est vne ame alors qu'elle l'écoute !
Qu'elle deuient sçauante à marcher dans sa route !
Qu'elle amasse de force à l'entendre parler !
Et que dans ses malheurs son bonheur est extréme,
Quand de la bouche de Dieu mesme
Sa foiblesse reçoit dequoy se consoler !

A

Heureuses donc cent fois, heureuses les oreilles,
Qui s'ouurent sans relâche à ces diuins accents;
Et pleines qu'elles sont de leurs hautes merueilles,
Se ferment au tumulte, & du Monde, & des sens.
Ouy, ie diray cent fois ces oreilles heureuses,
Qui de la voix de Dieu saintement amoureuses
Méprisent ces faux tons qui font bruit au dehors,
Pour entendre au dedans la verité parlante,
  De qui la parole instruisante
N'a pour se faire oüir que de muets accords.

  Heureux aussi les yeux, que les objets sensibles
Ne peuuent éblouïr, ny surprendre vn moment;
Heureux ces mesmes yeux, que les dons inuisibles
Tiennent sur leurs tresors fixez incessamment :
Heureux encor l'esprit, que de saints exercices
Preparent chaque iour par la fuite des vices
Aux secrets que découure vn si doux entretien ;
Heureux tout l'hôme enfin, que ces petits miracles
  Purgent si bien de tous obstacles,
Qu'il ne voit hors de Dieu, ny n'écoute plus rien.

  Prens-y garde, mon ame, & ferme bien la porte
Aux plaisirs que tes sens refusent de bannir,
Pour te mettre en estat d'entendre en quelque
  sorte
Ce dont ton bien-aimé te veut entretenir.
Ie suis, te dira-t'il, ton salut & ta vie,
Si tu peux auec moy demeurer bien vnie,
Le vray calme auec toy demeurera toûjours :
Renonce pour m'aimer aux douceurs temporelles,
  Cherche auec soin les eternelles,
Et ce calme naistra de nos saintes amours.

Que peuuent apres tout ces delices impures,
Ces plaisirs passagers, que seduire ton cœur?
Dequoy te seruiront toutes les creatures,
Si tu pers vne fois l'appuy du Createur?
Defay-toy, defay-toy de toute autre habitude,
A ne plaire qu'à luy mets toute ton étude,
Porte-luy tous tes vœux auec fidelité;
Tu trouueras ainsi la veritable joye,
　　　Tu trouueras ainsi la voye
Qui seule peut conduire à la felicité.

A ij

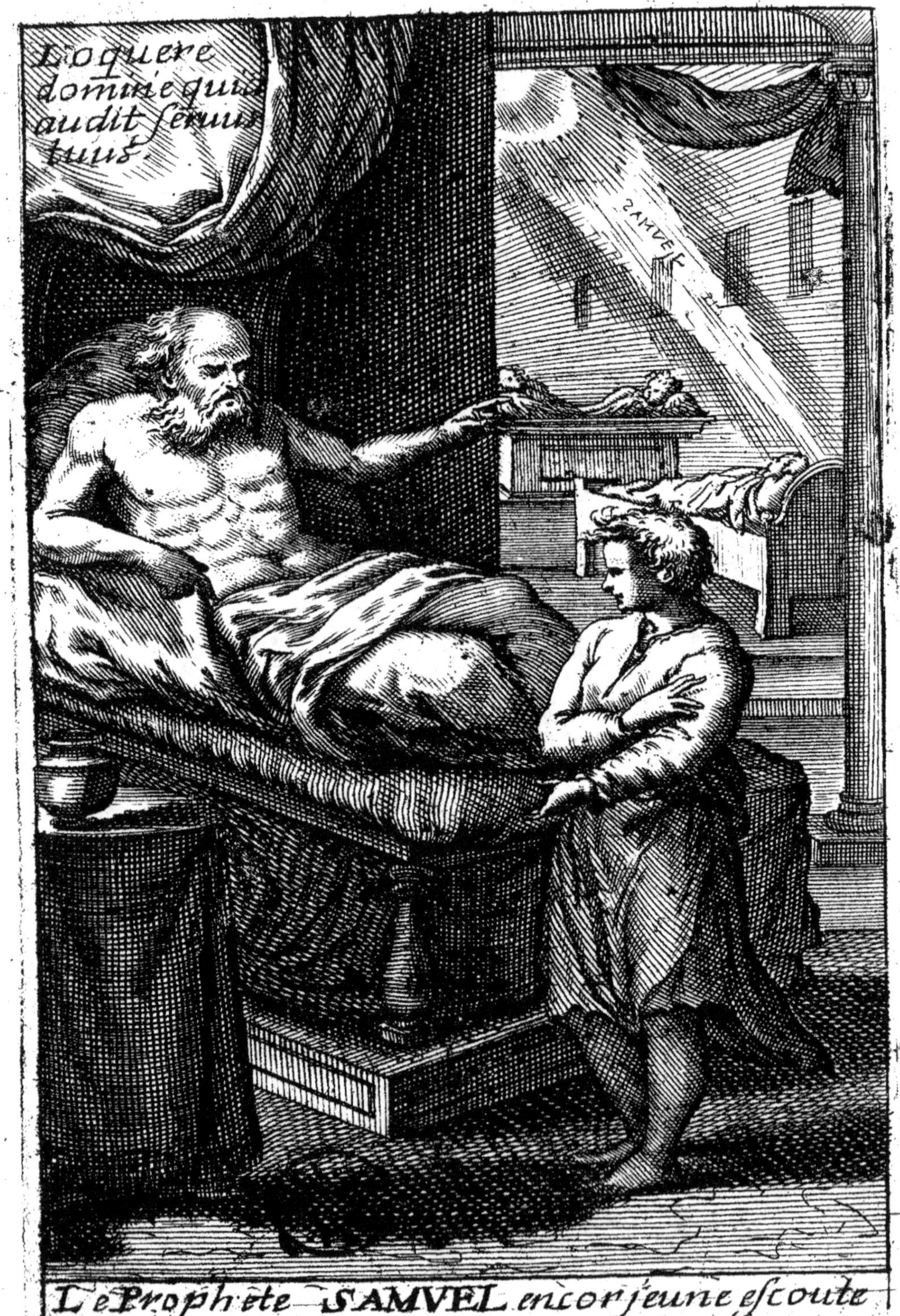

Loquere
domine quia
audit seruus
tuus.
SAMVEL

Le Prophète SAMVEL encor jeune escoute
DIEV qui luy parle.
H. david fec

CHAPITRE II.

Que la Verité parle au dedans du cœur sans aucun bruit de paroles.

PArle, parle , Seigneur , ton seruiteur écoute,
Ie dis ton seruiteur , car enfin ie le suis,
Ie le suis , ie veux l'estre , & marcher dans ta route,
Et les iours , & les nuits.

Donne-moy ton esprit, que ie puisse comprendre
Ce qu'ordonnent de moy tes saintes volontez,
Et reduy mes desirs au seul desir d'entendre
Tes hautes veritez.

Mais desarme d'éclairs ta diuine eloquence,
Fay-la couler sans bruit au milieu de mon cœur,
Qu'elle ait de la rosée , & la viue abondance,
Et l'aimable douceur.

Vous la craigniez, Hebreux, vous croyiez que la
foudre,
Que la mort la suiuist , & deust tout desoler,
Vous qui dans le Desert ne pouuiez vous resoudre
A l'entendre parler.

Parle-nous, parle-nous , disiez-vous à Moyse,
Mais obtiens du Seigneur qu'il ne nous parle pas,
Des éclats de sa voix la tonnante surprise
Seroit nostre trépas.

Ie n'ay point ces frayeurs alors que ie te prie,
Ie te fais d'autres vœux que ces fils d Israel,
Et plein de confiance humblement ie m'écrie
    Auec ton Samuel :

Quoy que tu sois le seul qu'icy-bas ie redoute,
C'est toy seul qu'icy-bas mon ame veut oüir,
Parle donc, ô mon Dieu, ton seruiteur écoute,
    Et te veut obeïr.

Ie ne veux, ny Moyse à m'enseigner tes voyes,
Ny quelque autre Prophete à m'expliquer tes loix,
C'est toy qui les instruis, c'est toy qui les enuoyes,
    Dont ie cherche la voix.

Côme c'est de toy seul qu'ils ont tous ces lumieres
Dont ta grace par eux éclaire nostre foy ;
Tu peux bien sans eux tous me les donner entieres,
    Mais eux tous rien sans toy.

Ils peuuent repeter le son de tes paroles,
Mais il n'est pas en eux d'en conferer l'esprit ;
Et leurs discours sans toy passent pour si friuoles,
    Que souuent on s'en rit.

Qu'ils parlent hautement, qu'ils disent des mer-
   ueilles,
Qu'ils declarent ton ordre auec pleine vigueur;
Si tu ne parles point, ils frappent les oreilles,
    Sans émouuoir le cœur.

Ils sement la parole obscure, simple & nuë,
Mais dans l'obscurité tu rends l'œil clairuoyant,

Et joins du haut du Ciel à la lettre qui tuë
    L'esprit viuifiant.

Leur bouche sous l'enigme annonce le mystere,
Mais tu nous en fais voir le sens le plus caché ;
Ils nous preschĕt tes loix, mais ton secours fait faire
    Tout ce qu'ils ont presché.

Ils montrent le chemin, mais tu donnes la force
D'y porter tous nos pas, d'y marcher iusqu'au
    bout ;
Et tout ce qui vient d'eux ne passe point l'écorce,
    Mais tu penetres tout.

Ils n'arrosent sans toy que les dehors de l'ame,
Mais sa fecondité veut ton bras souuerain ;
Et tout ce qui l'éclaire, & tout ce qui l'enflame,
    Ne part que de ta main.

Ces Prophetes enfin ont beau crier & dire,
Ce ne sont que des voix, ce ne sont que des cris,
Si pour en profiter l'esprit qui les inspire
    Ne touche nos esprits.

Silence donc, Moyse, & toy parle toy-mesme,
Eternelle, immuable, immense Verité,
Parle que ie ne meure, & que ce cœur qui t'aime
    N'ait trop d'aridité.

Car enfin c'est mourir qu'à ta faueur celeste
Ne rendre point pour fruit des desirs plus ardens,
Et l'aduis du dehors n'a rien que de funeste,
    S'il n'échauffe au dedans.

Cet aduis écouté seulement par caprice,
Connu sans estre aimé, creu sans estre obserué,
C'est ce qui vraiment tuë, & surquoy ta Iustice
Condamne vn reprouué.

Parle donc, ó mon Dieu, ton seruiteur fidelle
Pour écouter ta voix reünit tous ses sens,
Et trouue les douceurs de la vie eternelle
En ses diuins accens.

Parle pour consoler mon ame inquietée,
Parle pour la conduire à quelque amendement,
Parle afin que ta gloire ainsi plus exaltée
Croisse eternellement.

S.te CATHERINE dispute contre cinquante
Philosophes et les convertit, en presence de
L'eenpereur MAXIMIN.

CHAPITRE III.

Qu'il faut écouter les paroles de Dieu auec humilité, & que plusieurs ne les pesent pas assez.

ESCOUTE donc, mon fils, écoute mes paroles,
Elles ont des douceurs qu'on ne peut côceuoir,
Elles passent bien loin cet orgueilleux sçauoir
Que la Philosophie étale en ses écoles :
Elles passent bien loin ces discours éclatans,
Qui semblent dérober à l'injure des temps
Ces fantômes pompeux de sagesse mondaine;
Elles ne font que vie, elles ne font qu'esprit,
Mais la temerité de la prudence humaine
   Iamais ne les comprit.

N'en iuge point par là, leur goust deuiendroit fade
Si tu les confondois auec ce vil employ,
Ou si ta complaisance amoureuse de toy
N'auoit autre dessein que d'en faire parade.
Ces sources de lumiere & de sincerité
Dédaignent tout mélange auec la vanité,
Et veulent de ton cœur les respects du silence;
Tu les dois receuoir auec submission,
Et n'en peux profiter, que par la violence
   De ton affection.

  Heureux l'homme, dont la ferueur
Obtient de toy cette haute faueur
 Que ta main daigne le conduire!

Heureux, ô Dieu, celuy-là que ta voix
Elle mefme prend foin d'inftruire
Du faint vfage de tes loix!

Cet inépuifable fecours
Adoucira pour luy ces mauuais iours,
Ou tu t'armeras du tonnerre;
Il verra lors fon bonheur defuoilé,
Et tant qu'il viura fur la Terre,
Il n'y viura point defolé.

Ma parole inftruifoit dés l'enfance du monde,
Prophetes, de moy feul vous auez tout appris,
C'eft moy dont la chaleur échauffoit vos efprits,
C'eft moy qui vous donnois cette clarté feconde:
I'éclaire, & parle encore à tous inceffamment,
Et trouue prefque en tous vn mefme aueuglement,
Prefque en tous pour ma voix des furditez pareilles;
Si quelqu'vn y répond, ce n'eft qu'auec langueur,
Et l'endurciffement qui ferme les oreilles,
Va iufqu'au fond du cœur.

Mais ce n'eft que pour moy qu'on eft fourd vo-
lontaire,
Tous ces cœurs endurcis ne le font que pour moy,
Et fuiuent de leur chair la dangereufe loy,
Beaucoup plus volontiers, que ce qui me doit plaire.
Ce que promet le Monde eft temporel & bas,
Ce font biens paffagers, ce font foibles appas,
Et l'on y porte en foule vne chaleur auide;
Tout ce que ie promets eft eternel, & grand,
Et pour y paruenir, chacun eft fi ftupide,
Qu'aucun ne l'entreprend.

En

En peut-on voir vn feul qui par tout m'obeïffe,
Auec les mefmes foins , auec la mefme ardeur,
Qu'on s'empreffe à feruir cette vaine grandeur,
Qui fait tourner le monde au gré de fon caprice?
Rougy, rougy, Sidon, dit autrefois la mer;
Rougy, rougy toy-mefme, & te laiffe enflamer
(Te diray-ie à mon tour) d'vne feuere honte:
Et fi tu veux fçauoir pour quel lâche foucy
Ie veux que la rougeur au vifage te monte,
Efcoute , le voicy.

Pour vn malheureux Tiltre on s'épuife d'haleine,
On grauit fur les monts,on s'abandonne aux flots,
Et pour gagner au Ciel vn eternel repos
On ne leue le pied qu'à regret , qu'auec peine :
Vn peu de reuenu fait tondre les cheueux,
Chercher fur mes autels les interefts des vœux,
Prendre vn habit deuot pour en toucher les gages;
Souuent pour peu de chofe on plaide obftinément,
Et fouuent moins que rien iette les grands courages
Dans cet abaiffement.

On veut bien trauailler, & fe mettre à tout faire,
Ioindre aux fueurs du iour les veilles de la nuit,
Pour quelque efpoir flatteur d'vn faux honneur qui
   fuit,
Ou pour quelque promeffe incertaine & legere :
Cependant pour vn prix qu'on ne peut eftimer,
Pour vn bien que le temps ne fçauroit confumer,
Pour vne gloire enfin qui n'aura point de terme,
Le cœur eft fans defirs,l'œil n'y voit point d'appas,
L'efprit eft lent & morne, & le pied le plus ferme
Se laffe au premier pas.

B

Rougy donc, pareſſeux, dont l'humeur delicate
Trouue vn bonheur ſi grand à trop haut prix pour
     toy,
Rougy d'oſer t'en plaindre, & d'auoir de l'effroy
D'vn trauail qui te méne où tant de gloire éclate :
Voy côbien de mondains ſe font bien plus d'effort
Pour tomber aux malheurs d'vne eternelle mort,
Que toy pour t'aſſeurer vne vie eternelle ;
Et voyant leur ardeur apres la vanité,
Rougy d'eſtre de glace alors que ie t'appelle
     A voir ma verité.

Encor ces malheureux, malgré toute leur peine,
Demeurent quelquefois fruſtrez de leur eſpoir ;
Mes promeſſes iamais ne ſçeurent deceuoir,
La confiance en moy ne ſe vit iamais vaine.
Tout l'eſpoir que i'ay fait, ie ſçauray le remplir,
Et tout ce que i'ay dit, ie ſçauray l'accomplir,
Sans rien donner pourtant qu'à la perſeuerance ;
Ie ſuis de tous les bons le remunerateur,
Mais ie ſçay fortement éprouuer la conſtance
     Qu'ils portent dans le cœur.

Ainſi tu dois tenir mes paroles bien cheres,
Les écrire en ce cœur, ſouuent les repaſſer,
Quand la tentation viendra t'embaraſſer,
Elles te deuiendront pleinement neceſſaires :
Tu pourras y trouuer quelques obſcuritez,
Et ne cognoiſtre pas toutes mes Veritez
Dans ce que t'offrira la premiere lecture ;
Mais ces iours de viſite auront vn iour nouueau,
Qui pour t'en découurir l'intelligence pure,
     Percera le rideau.

Ie fais à mes Esleus deux sortes de visites,
L'vne par les assauts , & par l'aduersité,
L'autre par ces douceurs , que ma benignité
Pour arres de ma gloire auance à leurs merites.
Comme ie les visite ainsi de deux façons,
Ie leur fais chaque iour deux sortes de leçons,
L'vne pour la vertu, l'autre contre le vice ;
Prens-y garde, quiconque ose les negliger,
Par ces mesmes leçons au iour de ma Iustice
    Il se verra iuger.

ORAISON
Pour demander à Dieu la grace de la deuotion.

Qvelles graces , Seigneur , ne te dois-ie point
    rendre,
A toy, ma seule gloire & mon vnique bien ?
    Mais qui suis-ie, pour entreprendre
D'éleuer mon esprit iusqu'à ton entretien ?

    Ie suis vn ver de terre , vn chetif miserable,
Sur qui iamais tes yeux ne deuroient s'abaisser,
    Plus pauure encor , plus méprisable
Qu'il n'est en mon pouuoir de dire , ou de
    penser.

    Sans toy ie ne suis rien, sans toy mon infor-
    tune
Me fait de mille maux l'inutile rebut,
    Ie ne puis sans toy chose aucune,
Et ie n'ay rien sans toy qui serue à mon salut.

C'eſt toy dont la bonté iuſqu'à nous ſe rauale,
Qui tout iuſte & tout ſaint , peux tout & donnes
 tout,
  Et de qui la main liberale
Remplit cet Vniuers de l'vn à l'autre bout.

Tu n'en exceptes rien que l'ame pechereſſe,
Que tu rends toute vuide à ſa fragilité,
  Et que ton ire vangereſſe
Punit dés icy-bas par cette inanité.

Daigne te ſouuenir de tes bontez premieres,
Toy qui veux que la Terre & les Cieux en ſoient
 pleins,
  Et remply-moy de tes lumieres,
Pour ne point laiſſer vuide vne œuure de tes mains.

Comment pourray-ie icy me ſupporter moy-
 meſme,
Dans les maux où ie tõbe,& dans ceux où ie cours,
  Si par cette bonté ſupréme
Tu ne fais cheoir du Ciel ta grace à mon ſecours ?

Ne détourne donc point les rayons de ta face,
Viſite-moy ſouuent dans mes afflictions,
  Prodigue-moy grace ſur grace,
Et ne retire point tes conſolations.

Ne laiſſe pas mon ame impuiſſante & languide
Dans la ſterilité que le crime produit,
  Et telle qu'vne terre aride
Qui n'ayant aucune eau ne peut rendre aucun
 fruit.

Daigne, Seigneur tout bon, daigne m'apprendre
    à viure,
Sous les ordres sacrez de ta diuine Loy,
    Et quelle route il me faut suiure
Pour marcher comme il faut humblement deuant
    toy.

    Tu peux seul m'inspirer ta sagesse profonde,
Toy qui me cognoissois auant que m'animer,
    Et me vis auant que le Monde
Sortist de ce neant dont tu le sçeus former.

IOSEPH s'enfuit de sa Maistresse
qui l'invitoit au pché.

H. David fec.

CHAPITRE IV.

*Qu'il faut marcher deuant Dieu en esprit
de verité & d'humilité.*

Marche deuant mes yeux en droite verité,
Cherche par tout ma veuë auec simplicité,
Et que ces deux vertus te soient inseparables;
Qu'elles soient en tous lieux les guides de tes pas,
Et leurs forces incomparables
Contre tous ennemis sçauront t'armer le bras.

Ouy, quelques ennemis qui s'osent presenter,
Qui marche en verité n'a rien à redouter,
Il se trouue à couuert des rencontres funestes :
C'est vn contrepoison contre les seducteurs,
Qui dissipe toutes leurs pestes,
Et confond tout l'effort des plus noirs detra-
cteurs.

Si cette Verité t'en deliure vne fois,
Tu seras vraiment libre, & sous mes seules loix
Qui font la liberté par vn doux esclauage;
Et tous les vains discours de ces lâches esprits
Ne porteront en ton courage
Que la pitié qu'enfante vn genereux mépris.

C'est là tout le bien où j'aspire,
C'est là mon vnique souhait,
Ainsi que tu daignes le dire,
Ainsi, Seigneur, me soit-il fait.

Que ta Verité salutaire
M'enseigne quel est ton chemin,
Qu'elle m'y preserue, & m'éclaire,
Iusqu'à la bien-heureuse fin.

Qu'elle purge toute mon ame
De toute impure affection,
Et de tout ce desordre infame
Que fait naistre la passion.

Ainsi cheminant dans ta voye
Sous cette mesme Verité,
Ie goûteray la pleine joye,
Et la parfaite liberté.

Ie t'enseigneray donc toutes mes veritez,
Ie t'illumineray de toutes mes clartez,
Pour ne te rien cacher de ce qui peut me plaire:
Tu verras les sentiers que doit suiure ta foy,
Tu verras tout ce qu'il faut faire,
Et si tu ne le fais, il ne tiendra qu'à toy.

Pense à tous tes pechez auec vn plein regret,
Auec vn déplaisir & profond & secret,
C'est ton seul repentir que ie veux pour victime:
Dans le bien que tu fais, fuy la presomption,
Et garde que la propre estime
Ne corrompe le fruit de ta bonne action.

Tu n'es rien qu'vn pecheur, dont la fragilité
Sujette aux paſſions prend leur malignité,
Et n'a iamais de ſoy que le neant pour terme;
Elle y panche, elle y gliſſe, elle y tombe aiſément,
      Et plus ta vertu ſe croit ferme,
Plus prompte eſt ſa defaite, ou ſon relâchement.

Non, tu n'as rien en toy, dont puiſſe auec raiſon
T'enfler de quelque orgueil la gloire de ton nom,
Tu n'as que des ſujets de mépris legitime;
Tes defauts ſont trop grands pour en rien preſumer,
      Et ta foibleſſe ne s'exprime,
Que par vn humble adueu qu'on ne peut l'expri-
    mer.

Ne fay donc point d'eſtat de tout ce que tu fais,
Ne range aucune choſe entre les grands effets,
Ne croy rien precieux, ne croy rien admirable,
Rien noble, rien enfin dans la ſolidité,
      Rien vraiment haut, rien deſirable,
Que ce qui doit aller iuſqu'à l'Eternité.

De cette Eternité le caractere ſaint,
Que ſur mes Veritez ma main toûjours empraint,
Doit plaire à tes deſirs par deſſus toute choſe:
Et rien ne doit d'ailleurs enfler tes déplaiſirs,
      A l'égal des maux où t'expoſe
Le vil abaiſſement de ces meſmes deſirs.

Tu n'as rien tant à craindre, & rien tant à blâ-
    mer,
Que l'appas du peché qui cherche à te charmer,
Et par qui des Enfers les portes ſont ouuertes:

Fuy-le comme vn extréme & souuerain malheur,
L'homme ne peut faire de pertes,
Qu'il ne doiue souffrir auec moins de douleur.

Il est quelques esprits, dont l'orgueil curieux
Iusques à mes secrets les plus mysterieux
Tâche à guinder l'essor de leur intelligence ;
Bouffis de leur superbe, ils en font tout leur but,
Et laissent à leur negligence
Estouffer tout soucy de leur propre salut.

Comme ils n'ont point d'amour, ny de since-
rité,
Comme ils ne sont qu'audace, & que temerité,
Moy-mesme i'y resiste & i'aime à les confondre :
Et l'ordinaire effet de leur ambition,
C'est de n'y voir enfin répondre,
Que le peché, le trouble, ou la tentation.

N'en vse pas comme eux, prens d'autres senti-
mens,
Redoute ma colere, & crains mes iugemens,
Sans vouloir du Tres-haut penetrer la sagesse?
Au lieu de mon ouurage examine le tien,
Et reuoy ce que ta foiblesse
Aura commis de mal, ou negligé de bien.

Il est d'autres esprits, dont la deuotion
Attache à des liurets toute son action,
S'applique à des Tableaux, s'arreste à des Images;
Et leur zele amoureux des marques du dehors
En pousse tant sur leurs visages,
Qu'il laisse l'ame vuide aux appetits du corps.

D'autres parlent de moy ſi magnifiquement,
Auec tant de chaleur, auec tant d'ornement,
Qu'il ſemble qu'en effet mon ſeruice les touche:
Mais ſouuent leur diſcours n'eſt qu'vn diſcours
    moqueur,
        Et s'ils ont mon nom à la bouche,
Ce n'eſt pas pour m'ouurir les portes de leur cœur.

Il eſt d'autres eſprits enfin bien éclairez,
De qui tous les deſirs dignement épurez,
De l'Eternité ſeule aſpirent aux delices;
La Terre n'a pour eux ny plaiſirs, ny treſors,
        Et leur zele prend pour ſupplices
Tous ces ſoins importuns que l'ame doit au corps.

Ceux-là ſentent en eux l'eſprit de Verité
Leur preſcher cette heureuſe & viue Eternité,
Et ſuiuans cet eſprit ils dédaignent la Terre:
Ils ferment pour le Monde & l'oreille & les yeux,
        Ils ſe font vne ſainte guerre,
Et pouſſent iour & nuit leurs ſouhaits iuſqu'aux
    Cieux.

IESVS CHRIST Lassè du chemin
instruit la Samaritaine. H. Dauid fecit.

CHAPITRE V.

Des effets merueilleux de l'Amour Diuin.

IE te benis, Pere Celeste,
Pere de mon Diuin Sauueur,
Qui rends en tous lieux ta faueur
Pour tes enfans si manifeste.

I'en suis le plus pauure, & le moindre,
Et tu daignes t'en souuenir;
Combien donc te dois-ie benir,
Et combien de graces y joindre!

O pere des misericordes,
O Dieu des consolations,
Reçoy nos benedictions
Pour les biens que tu nous accordes.

Tu répans des douceurs soudaines
Sur l'amertume des ennuis,
Et tout indigne que i'en suis,
Tu consoles toutes mes peines.

I'en benis ta main paternelle,
I'en benis ton fils Iesus-Christ,
I'en rends graces au saint Esprit,
A tous les trois gloire eternelle.

C

O Dieu tout bon, ô Dieu qui m'aimes,
Iusqu'à supporter ma langueur,
Quand tu descendras dans mon cœur,
Que mes transports seront extrémes!

C'est toy seul que ie considere
Comme ma gloire, & mon pouuoir,
Comme ma joye, & mon espoir,
Et mon refuge en ma misere.

Mais mon amour encor debile
Tombe souuent comme abatu,
Et mon impuissante vertu
Ne fait qu'vn effort inutile.

I'ay besoin que tu me soûtiennes,
Que tu daignes me consoler,
Et que, pour ne plus chanceler,
Tu prestes des forces aux miennes.

Redouble tes faueurs diuines,
Visite mon cœur plus souuent,
Et pour le rendre plus feruent,
Instruy-le dans tes disciplines.

Affranchy-le de tous ses vices,
Déracine ses passions,
Efface les impressions
Qu'y forment les molles delices.

Qu'ainsi purgé par ta presence,
Il demeure iusqu'au mourir,
Net pour t'aimer, fort pour souffrir,
Stable pour la perseuerance.

Cognois-tu bien l'Amour, toy qui parles d'aimer?
L'Amour eſt vn treſor qu'on ne peut eſtimer,
Il n'eſt rien de plus grand, rien de plus admirable,
Il eſt ſeul à ſoy-meſme icy-bas comparable,
Il ſçait rendre legers les plus peſans fardeaux,
Les iours les plus obſcurs, il ſçait les rendre beaux,
Et l'inégalité des rencontres fatales
Ne trouue point en luy des forces inégales.
Charmé qu'il eſt par tout des beautez de ſon choix,
Quelque charge qu'il porte, il n'en ſent point le
     poids,
Et ſon attachement au digne objet qu'il aime
Donne mille douceurs à l'amertume meſme.

Cet amour de Ieſus eſt noble & genereux,
Des grandes actions il rend l'homme amoureux,
Et les impreſſions qu'vne fois il a faites
Toûjours de plus en plus aſpirent aux parfaites.
Il va toûjours en haut chercher de vrais appas,
Il traite de mépris tout ce qu'il voit de bas,
Et dédaigne le joug de ces honteuſes chaines,
Iuſqu'à ne point ſouffrir d'affections mondaines,
De peur que leur nuage enuelopant ſes yeux
A leurs ſecrets regards n'oſte l'aſpect des Cieux,
Qu'vn friuole intereſt des choſes temporelles
Ne rauale vn deſir qui vole aux eternelles,
Ou que pour éuiter quelque incommodité
Il n'embraſſe vn obſtacle à ſa felicité.

Ie te diray bien plus, ſa douceur & ſa force
Font des cœurs les plus gráds la plus illuſtre amorce,
La Terre ne voit rien qui ſoit plus éleué,
Le Ciel meſme n'a rien qui ſoit plus acheué.

C ij

En veux-tu la raiſon ? en Dieu ſeul eſt ſa ſource,
En Dieu ſeul eſt auſſi le repos de ſa courſe,
Il en part, il y rentre, & ce feu tout diuin
N'a point d'autre principe, & n'a point d'autre fin.

Tu ſçauras encor plus ; à la moindre parole,
Au plus ſimple coup d'œil, l'amant va, court, &
    vole,
Et meſle tant de joye à ſon actiuité,
Que rien n'en peut borner l'impetuoſité.
Pour tous également ſon ardeur eſt extréme,
Il donne tout pour tous, & n'a rien à luy-meſme,
Mais quoy qu'il ſoit prodigue, il ne perd iamais
    rien,
Puis qu'il retrouue tout dans le ſouuerain bien,
Dans ce bien ſouuerain à qui tous autres cedent,
Qui ſeul les cõprend tous,& dont tous ils procedẽt.
Il ſe repoſe entier ſur cet vnique appuy,
Et trouue tout en tous ſans poſſeder que luy.

Dãs les dons qu'il reçoit tout ce qu'il ſe propoſe,
C'eſt d'en benir l'autheur par deſſus toute choſe,
Il n'a point de meſure, & comme ſon ardeur
Ne peut de ſon objet égaler la grandeur,
Il la croit toûjours foibie, & ſouuent en murmure,
Quand meſme cette ardeur paſſe toute meſure.

Rien ne peſe à l'Amour, rien ne peut l'arreſter,
Il n'eſt point de trauaux qu'il daigne ſupputer,
Il veut plus que ſa force, & quoy qui ſe preſente,
L'impoſſibilité iamais ne l'épouuante ;
Le zele qui l'emporte au bien qu'il s'eſt promis
Luy montre tout poſſible, & luy peint tout permis.

Ainſi qui ſçait aimer ſe rend de tout capable,
Il reduit à l'effet ce qui ſemble incroyable ;
Mais le manque d'amour fait le manque de cœur,
Il abat le courage, il détruit la vigueur,
Relâche les deſirs, broüille la cognoiſſance,
Et laiſſe enfin tout l'homme à ſa propre impuiſ-
    ſance.

L'Amour ne dort iamais, non plus que le Soleil,
Il ſçait l'art de veiller dans les bras du ſommeil,
Il ſçait dans la fatigue eſtre ſans laſſitude,
Il ſçait dans la contrainte eſtre ſans ſeruitude,
Porter mille fardeaux ſans en eſtre accablé,
Voir mille objets d'effroy ſans en eſtre troublé ;
C'eſt d'vne viue flame vne ardente étincelle,
Qui pour ſe reünir à ſa ſource immortelle,
Au trauers des frimats & de l'obſcurité
Iuſqu'au plus haut des Cieux s'échape en ſeureté.

Quiconque ſçait aimer, ſçait bien ce que veut dire
Cette ſecrette voix qui ſouuent nous inſpire,
Et quel bruit agreable aux oreilles de Dieu
Fait cet ardent ſoûpir qui luy crie en tout lieu :

    O mon Dieu, mon amour vnique,
    Regarde mon zele & ma foy,
    Reçoy-les, & ſois tout à moy,
    Comme tout à toy ie m'applique.

    Dilate mon cœur & mon ame
    Pour les remplir de plus d'amour,
    Et fay-leur goûter nuit & iour
    Ce que c'eſt qu'vne ſainte flame.
C iij

Qu'ils trouuent par tout des supplices,
Hormis aux douceurs de t'aimer,
Qu'ils se baignent dans cette mer,
Qu'ils se fondent dans ces delices.

Que cette ardeur toûjours m'embrase,
Et que ces transports tout-puissans
Iusqu'au dessus de tous mes sens
Poussent mon amoureuse extase.

Que dans ces transports extatiques,
Où seul tu me feras la loy,
Tout hors de moy, mais tout en toy,
Ie te chante mille cantiques.

Que ie sçache si bien te suiure,
Que tu me daignes aduoüer,
Et qu'à force de te loüer
Ie me pâme, & cesse de viure.

Que ie t'aime plus que moy-mesme,
Que ie m'aime en toy seulement,
Et qu'en toy seul pareillement
Ie puisse aimer quiconque t'aime.

Ainsi mon ame toute entiere,
Et toute à toy iusqu'aux abois,
Suiura ces amoureuses loix,
Qui tirent de toy leur lumiere.

Ce n'est pas encor tout, & tu ne conçois pas,
Ny tout ce qu'est l'Amour, ny ce qu'il a d'appas,

Apprens qu'il eſt boüillãt, apprens qu'il eſt ſincere;
Que ſon zele eſt deuot, & qu'il ſçait l'art de plaire,
Qu'il eſt delicieux, qu'il eſt prudent, & fort,
Fidelle, patient, conſtant iuſqu'à la mort,
Courageux, & ſur tout hors de cette foibleſſe,
Qui force à ſe chercher , & pour ſoy s'intereſſe :
Car enfin c'eſt en vain qu'on ſe laiſſe enflamer,
Auſſi-toſt qu'on ſe cherche, on ne ſçait plus aimer.

L'Amour eſt circonſpect, il eſt iuſte, humble , & ſage,
Il ne ſçait ce que c'eſt qu'eſtre mol , ny volage,
Et des biens paſſagers les vains amuſemens
N'interrompent iamais ſes doux élancemens.
L'Amour eſt ſobre & chaſte,il eſt ferme & trãquille
A garder tous ſes ſens il eſt prompt & docile:
L'Amour eſt bon ſujet , ſoûmis , obeïſſant,
Plein de mépris pour ſoy,pour Dieu recognoiſſant,
En Dieu ſeul il ſe fie , en Dieu ſeul il eſpere,
Meſme quand Dieu l'expoſe à la pleine miſere,
Qu'il eſt ſans gouſt pour Dieu dans l'effort du mal-
heur ;
Car le parfait amour ne vit point ſans douleur,
Et quiconque n'eſt preſt de ſouffrir toute choſe,
D'attendre que de luy ſon bien-aimé diſpoſe,
Quiconque peut aimer , ſi mal, ſi lâchement,
N'eſt point digne du nom de veritable amant.

Pour aimer comme il faut , il faut pour ce qu'on aime
Embraſſer l'amertume & la dureté meſme,
Pour aucun accident n'en eſtre diuerty,
Et pour aucun reuers ne quitter ſon party.

S. PIERRE et S. ANDRE quittent leur naci=
tle et leurs filets pour suiure IESVS CHRIST

CHAPITRE VI.

Des épreuues du veritable Amour.

TV m'aimes, ie le voy, mais ton affection
N'eſt pas encore au point de la perfection,
Elle a manque de force, & manque de prudence;
Et ſon feu le plus vif & le plus vehement,
A la moindre trauerſe, au moindre empeſchement,
    Perd ſi-toſt cette vehemence,
    Que de tout le bien qu'il commence
    Il neglige l'aduancement.

Ainſi des bons propos la celeſte vigueur
Aiſément degenere en honteuſe langueur,
Tu ſembles n'en former qu'afin de t'en dédire;
Ce lâche abatement de ton infirmité
Cherche qui te conſole auec auidité,
    Et ton cœur apres moy ſoûpire,
    Moins pour viure ſous mon empire,
    Que pour viure en tranquillité.

Le vray, le fort Amour, en ſoy-meſme affermy,
Sçait bien & repouſſer l'effort de l'ennemy,
Et refuſer l'oreille à ſes ruſes peruerſes;
Il ſçait du cœur entier luy fermer les accez,
Et de ſa digne ardeur le ſalutaire excez,
    Eſgal aux fortunes diuerſes,
    M'adore autant dans les trauerſes,
    Que dans les plus heureux ſuccez.

Quiconque sçait aimer, mais aimer prudemment,
A la valeur des dons n'a point d'attachement,
En tous ceux qu'on luy fait c'est l'Amour qu'il
    estime ;
C'est par l'affection qu'il en iuge le prix,
Et de son bien-aimé profondement épris,
    Il ne peut croire legitime,
    Que sans luy quelque don imprime
    Autre chose que du mépris.

Ainsi dans tous les miens il n'a d'yeux que pour
    moy,
Ainsi de tous les miens il fait vn noble employ,
A force de les mettre au dessous de moy-mesme ;
Il se repose en moy, comme au bien souuerain,
Et tous ces autres biens que sur le genre humain
    Laisse cheoir ma bonté supréme,
    Il ne les estime, & les aime,
    Qu'en ce qu'ils tombent de ma main.

Si quelquefois pour moy, quelquefois pour mes
    Saints,
Ton zele aride & lent suit mal tes bons desseins,
Et ne te donne point de sensible tendresse :
Il ne faut pas encor que ton cœur éperdu,
Pour voir languir tes vœux, estime tout perdu
    Ce qui manque à leur secheresse,
    Quoy qu'en presume ta foiblesse,
    Te peut estre bien-tost rendu.

Tout ce qui coule au cœur de doux saisissemens,
De liquefactions, d'épanoüissemens,
Marque bien les effets de ma grace presente ;

C'eſt bien quelque auangouſt du celeſte ſejour,
Mais prompte eſt ſa venuë , & prompt eſt ſon
   retour,
        Et ſa douceur la plus charmante,
        Lors que tu crois qu'elle s'augmente,
        Soudain échape à ton amour.

Il ne ſeroit pas ſeur de s'y trop aſſeurer;
Ne ſonge qu'à combatre , à vaincre , à te tirer
De ces laqs dangereux où ton plaiſir t'inuite :
Sous les mauuais deſirs n'eſtre point abatu,
Triompher hautement du pouuoir qu'ils ont eu,
        Et du Diable qui les ſuſcite,
        C'eſt la marque du vray merite,
        Et de la ſolide vertu.

Ne te trouble donc point pour les diſtractions
Qui rompent la ferueur de tes deuotions,
De quelques vains objets qu'elles t'offrent l'image:
Garde vn ferme propos , ſans iamais t'ébranler,
Garde vn cœur pur & droit, ſans iamais chanceler,
        Et la grandeur de ton courage
        Diſſipera tout ce nuage,
        Qu'elles s'efforcent d'y meſler.

Quelquefois ton eſprit s'éleuãt iuſqu'aux Cieux,
De cette haute extaſe où j'occupe ſes yeux,
Retombe tout à coup dans quelque impertinence;
Pour confus que tu ſois d'vn ſi prompt changement
Fais vn prompt deſaueu de cet égarement,
        Et prens vne ſainte arrogance,
        Qui dédaigne l'extrauagance
        De ſon indigne amuſement.

Ces foibleſſes de l'homme agiſſent malgré toy,
Et bien que de ton cœur elles broüillent l'employ,
Elles n'y peuuent rien que ce cœur n'y conſente :
Tant que tu te deffens d'y rien contribuer,
Tu leur deffens auſſi de rien effectuer ;
  Et leur malice te tourmente,
  Mais ton merite s'en augmente,
  Au lieu de s'en diminuer.

L'immortel ennemy des ſoins de ton ſalut,
Qui ne prend que ma haine, & ta perte pour but,
Par là deſſous tes pas creuſe des precipices :
Il met tout en vſage, afin de t'arracher
Ces vertueux deſirs où ie te fais pancher,
  Et ne t'offre aucunes delices,
  Qu'afin que tes bons exercices
  Trouuent par où ſe relâcher.

Il hait tous ces honneurs que tu rends à mes
  Saints,   (praints,
Il hait tous mes tourmens dans ta memoire em-
Dont tu fais malgré luy tes plus douces penſées;
Il hait ta vigilance à me garder ton cœur,
Il hait tes bons propos qui croiſſent en vigueur,
  Et ce que tes fautes paſſées
  Dans ton ſouuenir retracées
  Te laiſſent pour toy de rigueur.

Il cherche à t'en donner le dégouſt, ou l'ennuy,
Et pour t'oſter s'il peut ces armes contre luy,
Il s'arme contre toy de toute la Nature :
De mille objets impurs il vnit le poiſon,
Afin que de leur peſte infectant ta raiſon,

             Il

Il s'y fasse quelque ouuerture,
Pour troubler ta sainte lecture,
Et disperser ton oraison.

L'humble adueu de ton crime aux pieds d'vn
    Confesseur,
Qui sur toy de ma grace attire la douceur,
Gesne iusqu'aux Enfers l'orgueil de son courage:
Et comme il hait sur tout ces amoureux transports,
Où s'éleue ton ame en receuant mon corps,
    Là violence de sa rage
    T'en feroit quitter tout l'vsage,
    Si l'effet suiuoit ses efforts.

Ferme-luy bien l'oreille, & vy sans t'émouuoir
De ces pieges secrets, que pour te deceuoir
Sous vn appas visible il dresse à ta misere;
Ne t'inquiete point de ses subtilitez,
Et n'imputant qu'à luy toutes les saletez
    Que sa ruse en vain te suggere,
    Reproche-luy d'vn ton seuere
    L'amas de ses impuretez.

Va, malheureux esprit, va, va, luy dois-tu dire,
Dans les feux immortels de ton funeste empire,
Vas-y rougir de honte, & brûler de couroux,
    De perdre ainsi tes coups.

Tu les pers contre moy, lors que tu te figures,
Que tu vas m'accabler sous ce monceau d'or-
    dures:
De quelques faux appas que tu m'oses flatter,
    Ie sçay les rejetter.

D

Va donc encore vn coup, va, seducteur infame,
N'espere aucune part desormais dans mon ame;
Iesus-Christ est ma force, & marche à mes costez,
Contre tes saletez.

Tel qu'vn puissant guerrier armé pour ma deféce,
Il dompte qui m'attaque, il abat qui m'offence,
Et reduira l'effet de ton illusion
A ta confusion.

Ie choisiray plûtost les plus cruels supplices,
I'accepteray la mort, i'en feray mes delices,
Auant que tes efforts m'arrachent vn moment
De vray consentement.

De tes suggestions reprime l'impudence,
Pour épargner ta honte impose-leur silence,
Aussi-bien tes discours deuiennent superflus,
Ie ne t'écoute plus.

Tu m'as iusqu'à present assez donné de peine,
Tu m'as bien fait trembler & bien mis à la gêne,
Mais le Seigneur m'éclaire & se fait mon appuy,
Qu'ay-ie à craindre auec luy?

Que tes noirs escadrons en bataille rangée
Combatent les desirs de mon ame assiegée,
Ie verray leurs fureurs fondre toutes sur moy,
Sans en prendre d'effroy.

Contre ces escadrons mon Dieu me sert d'es-
corte,
Contre tant de fureurs il me preste main forte,

Il est mon esperance, & mon liberateur,
　　　Fuy, lâche seducteur.

Ainsi tu dois, mon fils, t'aprester au combat,
Ainsi tu dois combatre en courageux soldat,
Et dissiper ainsi les forces qu'il amasse ;
S'il t'arriue de cheoir par ta fragilité,
Releue-toy plus fort que tu n'auois esté ;
　　　Et lors que ta vigueur se lasse,
　　　Appelle vne plus haute grace
　　　Au secours de ta lâcheté.

Tu dois t'y confier, mais prens garde auec soin,
Que cette confiance allant vn peu trop loin
Ne se tourne en superbe & folle complaisance :
Plusieurs y sont trompez, & ce vain sentiment
Les portant de l'erreur iusqu'à l'aueuglement
　　　D'vne ingrate mécognoissance,
　　　Les met presque dans l'impuissance
　　　D'vn veritable amendement.

Instruit par le malheur de ces presomptueux,
Tiens sous l'humilité ton desir vertueux,
Prens-en dans leur ruine vne digne matiere :
Voy comme leur orgueil facile à s'ébranler
Tombe d'autant plus bas, que haut il crût voler,
　　　Et des cheutes d'vne ame fiere
　　　Tâche à tirer quelque lumiere,
　　　Qui t'éclaire à te raualer.

S. IVSTIN Martir foule aux pieds les liur[es]
des Philosophes pour prendre L'euangile et la Croi[x]

CHAPITRE VII.

Qu'il faut cacher la grace de la deuotion sous l'humilité.

Tv veux estre deuot, & ie t'en fais la grace,
   Mais apprens qu'il la faut cacher,
   Et qu'vn don que tu tiens si cher
Renfermé dans toy-mesme aura plus d'efficace :
   Bien que tu sçaches ce qu'il vaut,
   Ne t'en éleue pas plus haut,
Parles-en d'autant moins que plus ie t'en inspire,
   Et n'en prens pas l'authorité
De donner plus de poids à ce que tu veux dire,
   Par vne sotte grauité.

Le mépris de toy-mesme est le plus heureux signe
   Que tu sçais cognoistre son prix;
   Sois donc ferme dans ce mépris,
Et crains de perdre vn bien dont tu te sens indi-
gne.
   Toutes ces petites douceurs
   Que le zele épand dans les cœurs,
Ne sont pas de ce bien la garde la plus seure;
   N'y mets aucun attachement,
Ie te l'ay desia dit, que telle est leur nature
   Qu'elles passent en vn moment.

Dans leur pleine abondance où ma grace t'é-
claire,
    Regarde auec humilité
    Quelle deuient ta pauureté,
Si-toſt que cette grace a voulu ſe ſouſtraire.
    Le grand progrez ſpirituel
    N'eſt pas au gouſt continuel
Des ſenſibles attraits dont elle te conſole;
    Mais à ſouffrir ſans murmurer
Les maux qu'elle te laiſſe alors qu'elle s'enuole,
    Et ne te point conſiderer.

Bien qu'en ce triſte eſtat tout te nuiſe & te fâche,
    Bien qu'vne importune langueur
    Eſteigne preſque ta vigueur,
Ne permets pas pourtant que ton feu ſe relâche:
    Veille, prie, & ne quitte rien
    De ce que tu faiſois de bien
Alors que tu ſentois ta ferueur plus entiere;
    Fais enfin ſuiuant ton pouuoir,
Suiuant ce qui te reſte en l'eſprit de lumiere,
    Et tu rempliras ton deuoir.

Ie me tiendray toûjours de ton intelligence,
    Pourueu que cette aridité,
    Pourueu que cette anxieté
Ne ſe tourne iamais en pleine negligence.
    Pluſieurs bronchent à ce faux-pas,
    Et dés qu'ils perdent ces appas
Il ſemble par dépit qu'au ſurplus ils renoncent:
    Tout leur courage s'amollit,
Et dans la nonchalance où leurs ames s'enfoncent
    Leur plus beau feu s'enſeuelit.

Ce n'eſt pas comme il faut ſe ranger à ma ſuite,
    L'homme a beau former vn deſſein,
    Il n'a pas toûjours en ſa main
Tout ce qu'il ſe promet de ſa bonne conduite :
    Quelle que ſoit l'ardeur des vœux,
    C'eſt quand ie veux, & qui ie veux,
Que conſole où ie veux ma grace toute pure;
    Et de ſes plus charmans attraits
Mon vouloir ſouuerain eſt la ſeule meſure,
    Et non la ferueur des ſouhaits.

Souuent cette ferueur par ſes douces amorces
    Fatale aux eſprits imprudens,
    Fait ſuccomber les plus ardens
A force d'entreprendre au deſſus de leurs forces :
    Ces deuots trop preſomptueux
    Dans leurs élans impetueux
Ne ſe meſurent point ſur ce qu'ils peuuent faire;
    Et changent leur zele en poiſon,
Quand ils écoutent plus cette ardeur temeraire,
    Que les aduis de la raiſon.

Ainſi ces indiſcrets perdent bien-toſt mes gra-
    ces,
    Pour oſer plus qu'il ne me plaiſt,
    Et leur vol rencontre vn arreſt
Qui les rejette au rang des ames les plus baſſes :
    Pour fruit de leur temerité,
    Ils retrouuent l'indignité
Des imperfections qui leur ſont naturelles,
    Afin que n'eſperant rien d'eux,
Et ne pretendant plus voler que ſous mes aiſles,
    Ils me laiſſent regler leurs feux.

Vous donc qui commencez à marcher dans ma
voye,
Chers apprentifs de la vertu,
Dans ce chemin que i'ay batu
Porter, ie le confens, grand cœur & grande joye:
Mais gardes fous cette couleur
D'écouter toute la chaleur,
Qui s'allume fans ordre en vos ieunes courages;
Vous pouuez trébucher bien bas,
Si vous ne choififfez les confeils des plus fages
Pour guides à vos premiers pas.

C'eft vous faire vne folle & vaine confiance,
De croire plus vos fentimens,
Que les folides iugemens
Qu'affermit vne longue & fainte experience.
Quelque bien que vous embraffiez,
Quelque progrez que vous faffiez,
Ils vous laiffent à craindre vne funefte iffuë,
Si ce que vous auez d'amour
Pour ces foibles clartez de voftre propre veuë
S'obftine à fuir tout autre iour.

L'efprit perfuadé de fa propre fage ffe
Ne s'abaiffe que rarement,
A fuiure de fon mouuement
D'vn autre que de luy les leçons, ou l'adreffe:
Mais la moindre capacité
Qu'accompagne l'humilité,
Paffe tout le fçauoir qu'enfle la fuffifance;
Et des fruits qu'il fait recueillir
Le peu vaut mieux pour toy, que la haute abõdance,
Qui te pourroit enorgueillir.

Il faut regler sa joye, & l'ame est peu discrette,
 Qui dans les plus heureux succez
 S'y liure auec vn tel excez,
Qu'elle va toute entiere où ce transport la jette:
 Auec trop de legereté
 De sa premiere pauureté
Au milieu de mes dons ingrate elle s'oublie;
 Et qui sçait l'art d'en bien joüir,
Craint toûjours de donner à ma grace affoiblie
 Quelque lieu de s'éuanoüir.

Ne sois pas moins soigneux de regler la tri-
stesse;
 C'est témoigner peu de vertu,
 Que d'auoir vn cœur abatu,
Si-tost qu'vn déplaisir violemment te presse:
 Quelque grand que soit le malheur,
 Il ne faut pas que la douleur
Forme aucun desespoir de son impatience;
 Ny que le zele rebuté
Estouffe par dépit toute la confiance
 Qu'il doit auoir en ma bonté.

Fuy ces extremitez, quiconque en la bonace
 S'ose tenir trop asseuré,
 Deuient lâche & mal preparé
A la moindre tempeste, à sa moindre menace.
 Si tu peux te faire la loy,
 Toûjours humble, toûjours en toy,
Toûjours de ton esprit le veritable maistre;
 Alors moins prompt à succomber,
Tu verras les perils que toutes deux font naistre,
 Presque sans peril d'y tomber.

Dans l'ardeur la plus forte & la mieux éclairée,
Conserue bien le souuenir
De ce que tu dois deuenir
Lors que cette clarté se sera retirée :
Dans l'eclypse d'vn si beau iour
Pense de mesme à son retour,
Fay briller ses rayons sans cesse en ta memoire ;
Et s'ils paroissent inconstans,
Croy que c'est pour ton bien & pour ma propre
gloire,
Que ie t'en priue quelque temps.

Cette sorte d'épreuue est souuent plus vtile,
Bien qu'vn peu rude à ta ferueur,
Que si tu voyois ma faueur
Rendre à tous tes souhaits l'euenement facile.
L'amas des consolations,
L'éclat des reuelations,
Ne font pas du merite vne marque fort seure ;
Et ny par le degré plus haut,
Ny par la suffisance à lire l'Escriture,
On ne iuge bien ce qu'il vaut.

Ce n'est pas là dessus en effet qu'il se fonde,
Mais sur la vraye humilité,
Sur la parfaite charité,
Sur vn noble dédain des vanitez du Monde.
Ouy, celuy-là sçait meriter,
Qui n'aspire qu'à m'exalter,
Qui par tout & sur tout ne cherche que ma gloire,
Qui tient les mépris à bonheur,
Et gagne sur soy-mesme vne telle victoire,
Qu'il les goûte mieux que l'honneur.

Le Roy NABVCHODONOZOR
apres auoir vscu sept ans parmi les bestes
se conuertit a DIEV.   H. Dauid fec.

CHAPITRE VIII.

De l'abaissement de soy-mesme en la presence de Dieu.

SEigneur, t'oseray-ie parler,
Moy qui ne suis que cendre & que poussiere,
Qu'vn vil extrait d'vne impure matiere,
Qu'au seul neant on a droit d'égaler ?

Si ie me prise dauantage,
Ie t'oblige à t'en ressentir,
Ie voy tous mes pechez soudain me démentir,
Et contre moy porter vn témoignage
Où ie n'ay rien à repartir.

Mais si ie m'abaisse, & m'obstine
A me reduire au neant dont ie viens,
Si toute estime propre en moy se déracine,
Et qu'en dépit de tous ses entretiens
Ie rentre en cette poudre où fut mon origine,
Ta grace auec pleine vigueur
Est soudain propice à mon ame,
Et les rayons de ta celeste flame
Descendent au fond de mon cœur.

L'orgueil contraint à disparoistre
Ne laisse dans ce cœur aucun vain sentiment,

E

Qui ne soit abysiné, pour petit qu'il puisse estre,
    Dans cet aneantissement,
    Sans pouuoir iamais y renaistre.

    Ta clarté m'expose à mes yeux,
Ie me voy tout entier, & i'en voy d'autant mieux
Quels defauts ont suiuy ma honteuse naissance:
Ie voy ce que ie suis, ie voy ce que ie fus,
    Ie vóy d'où ie viens, & confus
    De ne voir que de l'impuissance,
Ie m'écrie, ô mon Dieu, que ie m'estois deceu!
    Ie ne suis rien, & n'en auois rien sçeu.

    Si tu me laisses à moy-mesme,
Ie n'ay dans mon neant que foiblesse & qu'effroy;
Mais si dans mes ennuys tu jettes l'œil sur moy,
Soudain ie deuiens fort, & ma joye est extréme.

    Merueille, que de ces bas lieux
Esleué tout à coup au dessus du tonnerre,
    Ie vole ainsi iusques aux Cieux,
Moy que mon propre poids rabat toûjours en Terre!
    Que tout à coup de saints élancemens,
Tout chargé que ie suis d'vne masse grossiere,
Iusques dans ces palais de gloire & de lumiere,
Me fassent receuoir tes doux embrassemens!

    Ton amour fait tous ces miracles,
C'est luy qui me preuient sans l'auoir merité,
    C'est luy qui brise les obstacles
Qui naissent des besoins de mon infirmité:
    C'est luy qui soûtient ma foiblesse,
    Et quelque peril qui me presse,

C'eſt luy qui m'en preſerue & le ſçait détourner :
C'eſt luy qui m'affranchit , c'eſt luy qui me retire
  De tant de malheurs , qu'on peut dire,
Que leur nombre ſans luy ne ſe pourroit borner.

 Ces malheurs , ces perils , ces beſoins , ces foi-
  bleſſes,
C'eſt ce que l'amour propre en nos cœurs a ſemé,
C'eſt ce qu'on a pour fruit de ſes molles ten-
  dreſſes,
Et ie me ſuis perdu quand ie me ſuis aimé :
  Mais quand détaché de moy-meſme,
Ie t'aime purement & ne cherche que toy,
Ie trouue ce que i'aime en vn ſi digne employ,
Ie me retrouue encor , Seigneur , en ce que i'aime,
Et ce feu tout diuin , plus il ſçait penetrer,
Plus dans mon vray neant il m'apprend à rentrer.

  Ton amour à t'aimer ainſi me ſollicite ,
   Et me rappelle à mon deuoir,
  Par des faueurs qui paſſent mon merite,
  Et par des biens plus grands que mon eſpoir.

   Ie t'en benis , Eſtre ſupréme,
   Dont l'immenſe benignité
   Eſtend ſa liberalité
   Sur l'indigne & ſur l'ingrat meſme.
Ce torrent , que iamais tu ne laiſſes tarir,
   Ne ſe laſſe point de courir
   Meſme vers ceux qui s'en éloignent;
   Et ſouuent ſur l'auerſion
   Que les plus endurcis témoignent,
Il roule les treſors de ton affection.
       E ij

De ces sources inépuisables
Fay sur nous déborder les flots,
Rends nous humbles, rends nous deuots,
Rends nous recognoiſſans , rends nous inébran-
lables :
Releue-nous le cœur ſous nos maux abatu,
Attire nous à toy par cette ſainte amorce,
Toy qui ſeul es noſtre vertu,
Noſtre ſalut , & noſtre force.

S. IGNACE de Loyola se plonge dans un estang
glacè pour destoorner un jeune homme d'un pechè qu'il alloit comettre
I. Dauid fecit

CHAPITRE IX.

Qu'il faut rapporter tout à Dieu, comme à nostre derniere fin.

SI tu veux du bonheur t'applanir la carriere,
Choisy moy pour ta fin souueraine & derniere,
Espure tes desirs par cette intention :
Tes flames deuiendrõt comme eux droites & pures,
Tes flames que souuent ta folle passion
Recourbe vers toy-mesme, ou vers les creatures;
Et qui n'ont que foiblesse, aridité, langueur,
Si-tost qu'à te chercher tu rauales ton cœur.

   C'est à moy, c'est à moy qu'il faut que tu rap-
      portes
Les biens les plus exquis, les graces les plus fortes,
A moy qui donne tout & tiens tout en ma main :
Pour bien vser de tout, regarde chaque chose
Comme vn écoulement de ce bien souuerain,
Que de moy seul ie forme, & dont seul ie dispose;
Et prens ce que sur toy i'en verse de ruisseaux,
Pour guides vers la source à qui tu dois leurs eaux.

   Qui môte iusques-là, ne m'en trouue point chiche,
Le petit, & le grand, & le pauure, & le riche,
Y peuuent sans relâche également puiser;

Mon amour liberal l'ouure à tous sans reserue,
I'aime à donner mes biens, i'aime à fauoriser,
Mais ie veux à mon tour qu'on m'aime & qu'on me
     serue ;
Ie hay le cœur ingrat, le froid, l'indifferent,
Et ma grace est le prix des graces qu'on me rend.

Quiconque s'ose enfler de propre suffisance
Iusqu'à prendre en soy-mesme, ou gloire, ou com-
     plaisance,
Ou chercher hors de moy dequoy se réjoüir ;
Sa joye est inquiete, & si mal établie,
Que son cœur pleinement ne peut s'épanoüir ;
D'angoisse sur angoisse il la sent affoiblie,
Il voit trouble sur trouble, & naistre à tout moment
Mille vrais déplaisirs d'vn faux contentement.

Ne t'impute donc rien de bon, de salutaire,
Et quoy qu'vn autre mesme à tes yeux puisse faire,
A sa propre vertu n'attribuë aucun bien ;
Dans celuy que tu fais, ne perds point la memoire,
Qu'il en faut benir Dieu, sans qui l'homme n'a
     rien ;
Côme tout vient de moy, i'en veux toute la gloire,
Ie veux vn plein hommage, vn cœur passionné,
Et qu'on me rende ainsi tout ce que i'ay donné.

C'est par ces veritez qu'est soudain mise en suite
La vanité mondaine auec toute sa suite,
Et fait place à la vraye & viue charité ;
C'est ainsi que ma grace occupe toute vne ame,
Et lors, plus d'amour propre, & plus d'anxieté,
Plus d'importune enuie, & plus d'impure flame,

De tous ſes ennemis cette ame vient à bout,
Par cette charité qui triomphe de tout.

  Par cette charité ſes forces dilatées
Ne ſont plus en eſtat de ſe voir ſurmontées,
Mais ie te le redis, ſçaches-en bien vſer ;
Ne prens point hors de moy de joye, ou d'eſpe-
    rance,
Ie ſuis cette bonté qu'on ne peut épuiſer,
Mais qui ne peut ſouffrir aucune concurrence :
Ie ſuis & ſeray ſeul durant tout l'aduenir
Qu'il faille en tout, par tout, & loüer, & benir.

HENRI SVSO Iacobin graue le nom de
IESVS sur son estomach auec la pointe d'un canif
H. David fecit

CHAPITRE X.

Qu'il y a beaucoup de douceur à méprifer le Monde pour feruir Dieu.

I'Oferay donc parler encor vn coup à toy,
Mon filence n'eft plus vn refpect legitime,
    Ie ne puïs me taire fans crime ,
Ie dois benir mon Dieu , mon Seigneur & mon
    Roy:
I'iray iufqu'à ton trône affieger tes oreilles
Du recit amoureux de tes hautes merueilles,
I'en feray retentir toute l'Eternité ;
Et ie veux que fans fin mes cantiques enfeignent,
Quelles font les douceurs que ta benignité
    Ne montre qu'à ceux qui te craignent.

    Mais que font ces douceurs au prix de ces trefors,
Que tes bontez fans fin prodiguent & referuent,
    Pour ceux qui t'aiment & te feruent,
Et qui du cœur entier te donnent les efforts ?
Ah ! ces rauiffemens fans borne & fans exemple
S'augmentent d'autant plus que plus on te con-
    temple,
Nous n'auons rien en nous qui les puiffe exprimer;
Le cœur les goûte bien, & l'ame les admire,
Tout l'homme les fent croiftre à force de t'aimer,
    Mais la bouche ne les peut dire.

Tu ne te lasses point, Seigneur, de cet amour,
Et i'en porte sur moy des marques infaillibles,
    Tes bontez incomprehensibles
Du neant où i'estois m'ont daigné mettre au
    iour :
I'ay couru loin de toy vagabond & sans guide,
Pour vn fragile bien i'ay quitté le solide,
Et tu m'as rappelé de cet égarement ;
Tu fais plus, pour t'aimer tu m'ordonnes de viure,
Et joins à la douceur de ce commandement
    La clarté qui montre à le suiure.

O fontaine d'amour, mais d'amour eternel,
Apres tant de bien-faits que diray-ie à ta gloire ?
    Pourray-ie en perdre la memoire,
Quand tu ne la perds pas d'vn chetif criminel ?
Au milieu de ma cheute & courant à ma perte,
Pardelà tout espoir i'ay veu ta grace ouuerte
Répandre encor sur moy des rayons de pitié,
Et ta misericorde excedant tous limites,
Accabler vn pecheur d'vn excez d'amitié,
    Qui surpasse tous les merites.

Que te rendray-ie donc pour de telles faueurs ?
Quels encens vniray-ie aux concerts de loüanges,
    Que de tes Saints, & de tes Anges
Sans fin & sans relâche entonnent les ferueurs ?
Tu ne fais pas à tous cette grace profonde
Qui détache les cœurs des embarras du Monde,
Pour se ranger au Cloistre, & n'estre plus qu'à toy;
Et ce n'est pas à tous que tu donnes l'enuie
De s'enrichir des fruits que fait naistre l'employ
    D'vne Religieuse vie.

Ie

Ie ne fais rien de rare alors que ie te sers,
I'apprens cette leçon de toute la Nature;
    L'hommage de la creature
N'eſt qu'vn tribut commun que te doit l'Vniuers.
Tout ce qu'en te ſeruant ie trouue d'admirable,
C'eſt qu'eſtát de moy-meſme,& pauure,&miſerable,
Tu daignes t'abaiſſer iuſques à t'en ſeruir;
Qu'auec tes plus cheris tu m'y daignes admettre,
Et veux bien m'enſeigner comme il te faut rauir,
    Ce que tu leur voulus promettre.

    Tout vient de toy, Seigneur, & nous en receuons
Tout ce qu'à te ſeruir applique cet hommage;
    I'oſe dire encor dauantage,
Tu nous ſers beaucoup plus que nous ne te ſeruons:
La Terre qui nous porte & qui nous ſert de mere,
L'Air que nous reſpirons, le Ciel qui nous éclaire,
Ont ces ordres de toy qu'ils ne rompent iamais;
L'Ange meſme nous ſert, tous pecheurs que nous
    ſommes,
Et garde exactement ceux où tu le ſoûmets
    Pour le miniſtere des hommes.

                  (Cieux,
    C'eſt peu pour toy que l'Air, & la Terre , & les
C'eſt peu qu'à nous ſeruir l'Ange s'aſſujettiſſe,
    Pour nous mieux rendre cet office,
Tu choiſis vn ſujet encor plus precieux:
Tu quittes, Roy des Rois , ton ſacré Diadéme,
Tu deſcens iuſqu'à nous de ton trône ſupréme,
Tu te reueſts pour nous de nos infirmitez ;
Et nous fortifiant par ta ſainte preſence,
Tu nous fais triompher de nos fragilitez,
    Et te promets pour recompenſe.

               E

Pour tant & tant de biens , que ne puis-ie à mon
    tour
Te feruir dignement tout le temps de ma vie !
    O que i'aurois l'ame rauie ,
De le pouuoir, Seigneur, pour le moins vn feul iour!
Te feruir à demy c'eft te faire vne injure,
Et comme tes bontez n'ont iamais de mefure,
Il ne faut point de borne aux deuoirs qu'on te rend:
A toy toute loüange , à toy gloire eternelle,
A toy, Seigneur, eft deu ce que peut de plus grand
    Le zele d'vne ame fidelle.

    N'es-tu pas, ô mon Dieu, mon Seigneur fouuerain,
Et moy ton feruiteur, pauure, lâche, imbecille,
    Dont tout l'effort eft inutile,
A moins qu'auoir l'appuy de ta diuine main ?
Ie dois pourtant, ie dois de toute ma puiffance,
Te loüer, te feruir, te rendre obeïffance,
Sans m'en laffer iamais , fans prendre autre foucy :
Viens donc à mon fecours , bonté toute celefte,
Tu vois que ie le veux, & le fouhaite ainfi;
    Par ta faueur fupplée au refte.

    La pompe des honneurs dans fon plus haut éclat
N'a rien de comparable à cette feruitude,
    A cette glorieufe étude,
Qui nous apprend de tout à faire peu d'eftat.
Méprifer tout pour toy, pour ce noble efclauage,
Qui fous tes volontez enchaifne le courage,
C'eft fe mettre au deffus des Princes & des Rois;
Et l'ineffable excez des graces que tu donnes
A qui peut s'affermir dans cet illuftre choix,
    Vaut mieux que toutes les Couronnes.

Par des attraits diuins, & toûjours renaiſſans,
Ton ſaint Eſprit ſe plaiſt à conſoler les ames,
Dont les pures & ſaintes flames
Dédaignent pour t'aimer tous les plaiſirs des ſens:
Ces ames qui pour toy prennent l'étroite voye,
Qui n'ont point d'autre but, qui n'ont point d'autre
    joye,
Y goûtent de l'eſprit l'entiere liberté ;
Leur retraite en vrais biens ſe voit toûjours fecõde,
Et trouue vn plein repos dans la digne fierté
    Qui leur fait negliger le Monde.

Miraculeux effet ! bonheur prodigieux,
Qu'ainſi la liberté naiſſe de la contrainte !
    O doux liens , ô douce étrainte !
O fauorable poids du joug Religieux !
Sainte captiuité, que tes dons ſont étranges !
Tu rends dés icy-bas l'homme pareil aux Anges,
Tu le rends agreable aux yeux de ſon autheũr,
Tu le rends formidable à ces troupes rebelles,
A ces noirs eſcadrons de l'Ange ſeducteur,
    Et loüable à tous les fidelles.

Ô fers delicieux , & toûjours à cherir,
Que vous cachez d'appas ſous vn peu de rudeſſe !
    O du Ciel infaillible adreſſe,
Que tu rends ſes treſors aiſez à conquerir !
O jeûſnes , pauureté , diſciplines , cilices,
Amoureuſes rigueurs,& triomphans ſupplices, (ter!
O Cloiſtre, ô ſaints trauaux, qu'il vous faut ſouhai-
Vous qui donnez à l'ame vne joye aſſeurée,
Et qui l'aſſeruiſſant, luy faites meriter
    Vn bien d'eternelle durée.

S. BENOIST se roule tout nud sur des espines
pour vaincre les desirs de la chair.

H. David fecit.

CHAPITRE XI.

Qu'il faut examiner & môderer les desirs du cœur.

IE voy qu'à me seruir enfin tu te disposes,
    Mais n'en espere pas grand fruit,
A moins que ie t'appréne encor beaucoup de choses,
    Dont tu n'es pas encor assez instruit.

    Seigneur, que veux-tu m'apprendre?
    Ie suis prest de t'écouter,
    Ioins à la grace d'entendre
    La force d'executer.

Toutes tes volontez doiuent estre soûmises
    Purement à mon bon plaisir,
Iusqu'à ne souhaiter en toutes entreprises
    Que les succez que ie voudray choisir.

Tu ne dois point t'aimer, tu ne dois point te plaire
    Dans tes propres contentemens,
Tu dois n'estre jaloux que de me satisfaire,
    Et d'obeïr à mes commandemens.

Quel que soit le desir qui t'échauffe, & te pique,
    Considere ce qui t'en plaist,
Et voy si sa chaleur à ma gloire s'applique,
    Où s'il t'émeut par ton propre interest.

F iij

Lors que ce n'eſt qu'à moy que ce deſir ſe donne,
Qu'il n'a pour but que mon honneur,
Quelque effet qui le ſuiue, & quoy que i'en ordonne,
Ta fermeté tient tout à grand bonheur.

Mais lors que l'amour propre y garde encor ſa place,
Quoy que ſecret & déguiſé,
C'eſt-là ce qui te gêne & ce qui t'embaraſſe,
C'eſt ce qui peſe à ton cœur diuiſé.

Deffens-toy donc, mon fils, de la premiere amorce
D'vn deſir mal premedité,
N'y prens aucun appuy, n'y donne aucune force,
Qu'apres m'auoir pleinement conſulté.

Ce qui t'en plaiſt d'abord peut bien-toſt te dé-
plaire,
Et te reduire au repentir ;
Et tu rougiras lors de ce qu'aura pû faire
Cette chaleur trop prompte à conſentir.

Tout ce qui paroiſt bon n'eſt pas toûjours à ſui-
ure,
Ny ſon contraire à rejetter ;
L'ardeur impetueuſe à mille erreurs te liure,
Et trop courir, c'eſt te precipiter.

La bride eſt ſouuent bonne, & meſme il en faut
vne
A la plus ſainte affection ;
Son trop d'empreſſement la peut rendre importune,
Et te pouſſer dans la diſtraction.

Il te peut emporter hors de la discipline,
Sous pretexte de faire mieux ;
Et laisser du scandale à qui ne l'examine
Que par la Regle où s'attachent ses yeux.

Il peut faire en autruy naistre vne resistance
Que tu n'auras daigné préuoir,
Et de qui la surprise ébranlant ta constance
La troublera iusqu'à te faire choir.

La violence mesme est souuent necessaire
Contre les appetits des sens,
Mesme quand leur effet te paroist salutaire,
Quand leurs desirs te semblent innocens.

Ne demande iamais à ta chair infidelle,
Ce qu'elle veut, ou ne veut pas,
Range-la sous l'esprit, & fay qu'en dépit d'elle
Son esclauage ait pour toy des appas.

Qu'en maistre, qu'en tyran cet esprit la châtie,
Qu'il l'enchaisne de rudes nœuds,
Iusqu'à ce que domptée, & bien assujettie,
Elle soit preste à tout ce que tu veux.

Iusqu'à ce que de peu satisfaite & contente
Elle aime la simplicité,
Et que chaque reuers qui trompe son attente
Sans murmurer en puisse estre accepté.

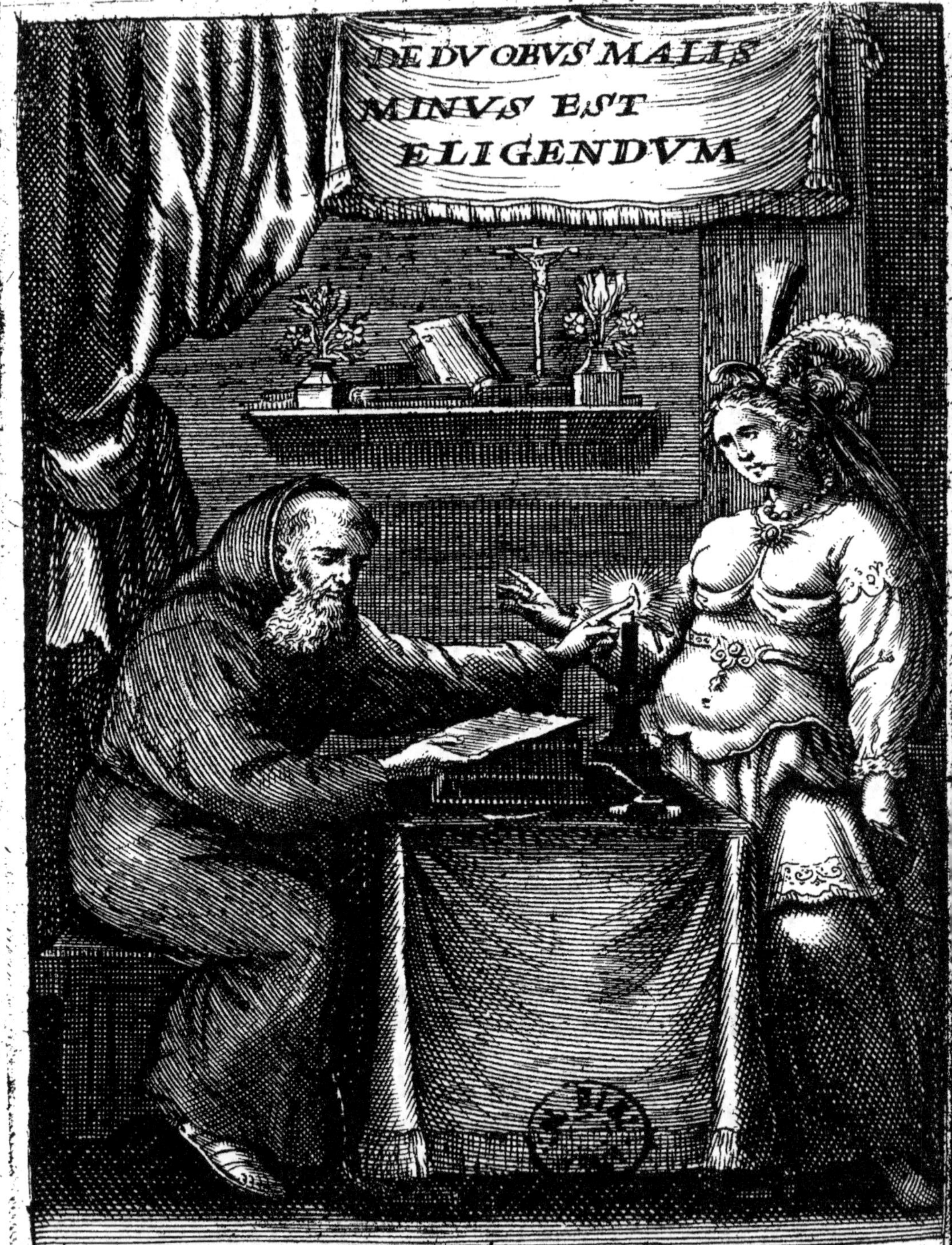

Le P. Laurens De Suniano Capucin solliçité par
une femme jmpudique, se brusle le doigt en sa pré-
sence.   H. Balua f.

CHAPITRE XII.

Comme il se faut faire à la patience & combatre les passions.

A Ce que ie puis voir, Seigneur,
I'ay grand besoin de patience,
Contre la rude experience,
Où cette vie engage vn cœur.

Elle n'est qu'vn gouffre de maux,
D'accidens fâcheux & contraires,
Qu'vn accablement de miseres,
D'où naissent trauaux sur trauaux.

Ie n'y termine aucuns combats
Que chaque instant ne renouuelle,
Et ma paix y traisne auec elle
La guerre attachée à mes pas.

Les soins mesme de l'affermir
Ne sont en effet qu'vne guerre,
Et tout mon sejour sur la Terre,
Qu'vne occasion de gemir.

Tu dis vray, mon enfant, aussi ne veux-ie pas
Que tu cherches en Terre vne paix sans combats,
Vn repos sans tumulte, vn calme sans orage,
Où toûjours la Fortune ait vn mesme visage,

Et semble par le cours de ses euenemens
S'asseruir en esclaue à tes contentemens.
Ie veux te voir en paix, mais parmy les trauerses,
Parmy les changemens des fortunes diuerses,
Ie veux y voir ton calme, & que l'aduersité
Te serue à t'affermir dans la tranquillité.

   Tu ne peux, me dis-tu, souffrir beaucoup de
     choses,
En vain tu t'y resous, en vain tu t'y disposes,
Tu sens vne reuolte en ton cœur mutiné
Contre la patience où tu l'as condamné.
Lâche, qu'oses-tu dire, ainsi le Purgatoire,
Ainsi ses feux cuisans sont hors de ta memoire?
Auras-tu plus de force, ou les presumes-tu
Plus aisez à souffrir à ton cœur abatu?
Apprens que de deux maux il faut choisir le moin-
     dre,
Que tes soins en ce but se doiuent tous rejoindre,
Et que pour éuiter les tourmens eternels
Tu dois traiter tes sens d'infames criminels,
Brauer leurs appetits, leur imposer des gênes,
Preparer ta constance aux miseres humaines,
Les souffrir sans murmure, & receuoir les Croix,
Ainsi que des faueurs qui viennent de mon choix.

   Crois-tu les gens du Monde exempts d'inquie-
     tude?
Ne vois-tu rien pour eux, ny d'amer, ny de rude?
Va chez ces delicats, qui n'ont soin que d'vnir
Le choix des voluptez aux moyens d'y fournir,
Si tu crois y trouuer des roses sans épines,
Tu n'y trouueras point ce que tu t'imagines.

Mais ils ſuiuent, dis-tu, leurs inclinations,
Leur ſeule volonté regle leurs actions,
Et l'excez des plaiſirs en vn moment conſume
Ce peu qui par hazard s'y coule d'amertume :
Et bien, ſoit, ie le veux, ils ont tout à ſouhait,
Mais combien doit durer vn bonheur ſi parfait ?

Ces riches, que du Siecle adore l'imprudence,
Paſſent comme fumée auec leur abondance,
Et de leurs voluptez le plus doux ſouuenir,
S'il ne paſſe auec eux, ne ſert qu'à les punir.
Celles que leur permet vne ſi triſte vie
Sont dignes de pitié beaucoup plus que d'enuie,
Elles vont rarement ſans mélange d'ennuis,
Leurs iours les plus brillans ont les plus ſombres
        nuits,   (mes,
Souuent mille chagrins empoiſonnent leurs char-
Souuent mille terreurs y jettent mille alarmes,
Et ſouuent des objets d'où naiſſent leurs plaiſirs
Ma juſtice en couroux fait naiſtre leurs ſoûpirs.
L'impetuoſité qui les porte aux delices,
Elle meſme à leur joye enchaiſne les ſupplices,
Et joint aux vains appas d'vn peu d'illuſion
L'amertume, le trouble, & la confuſion.

Toutes leurs voluptez ſont courtes & menteuſes,
Toutes n'ont que deſordre, & toutes ſont hon-
        teuſes ;
Les hommes cependant n'en apperçoiuent rien,
Enyurez qu'ils en ſont, ils en font tout leur bien,
Ils ſuiuent en tous lieux, comme beſtes ſtupides,
Leurs ſens pour ſouuerains, leurs paſſions pour gui-
        des,

Et pour l'indigne attrait d'vn faux chatoüille-
    ment,
Pour vn bien passager, vn plaisir d'vn moment,
Amoureux d'vne vie ingrate, & fugitiue,
Ils acceptent pour l'ame vne mort toûjours viue,
Où mourans à toute heure, & ne pouuans mourir,
Ils ne sont immortels que pour toûjours souffrir.

Plus sage à leurs dépens, donne moins de puis-
    sance
Aux brutales fureurs de ta concupiscence,
Garde-toy de courir apres les voluptez,
Captiue tes desirs, brise tes volontez,
Mets en moy seul ta joye,& m'en fais vne offrande,
Et ie t'accorderay ce que ton cœur demande.

Ouy ce cœur ainsi libre, ainsi desabusé,
Ne peut, quoy qu'il demande, en estre refusé:
Et si tu veux goûter des plaisirs veritables,
Des consolations, & pleines, & durables,
Tu n'as qu'à dédaigner par vn noble mépris
Cet éclat dont le Monde ébloüit tant d'esprits;
Tu n'as qu'à t'arracher à ces voluptez basses,
Qui repoussent des cœurs les effets de mes graces;
Tu n'as qu'à te soustraire à leur malignité,
Et ie te rendray plus que tu n'auras quitté.
Plus à leurs faux attraits tu fermeras de portes,
Plus mes faueurs seront & charmantes & fortes;
Et moins la creature aura chez toy d'accez,
Et plus du Createur les dons auront d'excez.

Ne croy pas toutefois sans peine & sans tristesse
A ce détachement éleuer ta foiblesse:
Vne

Vne vieille habitude y voudra resister,
Mais par vne meilleure il faudra la dompter ;
Ta chair murmurera, mais de tout son murmure
La ferueur de l'esprit conuaincra l'imposture ;
Enfin ce vieux serpent tâchera de t'aigrir
Contre les moindres maux que tu voudras souffrir,
Il fera mille efforts pour broüiller ta conduite;
Mais auec l'oraison tu le mettras en fuite,
Et l'obstination d'vn saint & digne employ
Ne luy laissera plus aucun pouuoir sur toy.

G

SAVL pour auoir desobeï a DIEV
est agité du malin esprit.

H Dauid F.

CHAPITRE XIII.

De l'obeïssance de l'humble sujet à l'exemple de Iesus-Christ.

QViconque se dérobe à l'humble obeïssance,
    Bannit ma grace en mesme temps,
Et se liure luy-mesme à toute l'impuissance
    De ses desirs vains & flotans :
Ces deuots indiscrets, dont le zele incommode,
    Pour les rendre Saints à leur mode,
Leur forme vne conduite, & fait des loix à part,
Au lieu de s'auancer par vn secret merite,
Perdent ce qu'en commun dans la Regle on pro-
fite,
    A force de viure à l'écart.

  Qui n'obeït qu'à peine, & dans l'ame s'attriste
    Des ordres d'vn Superieur,
Peut bien voir que sa chair à son tour luy resiste
    Par vn murmure interieur ;
Qu'il est mal obeï par cette vaine esclaue,
    Qui se reuolte, qui le braue,
Et n'est iamais d'accord de ce qu'il luy prescrit :
Obeï donc toy-mesme, & tost, & sans murmure,
Si tu veux que ta chair à ton exemple endure
    Le frein que luy doit ton esprit.
G ij

L'ennemy du dehors n'a force si vantée,
Qui ne cede à tes vœux ardens,
Si la rebellion de ta chair mal domptée
Ne rauage point le dedans :
Mais il trouue souuent de son intelligence
L'amour propre & la negligence,
Qui luy font de toy-mesme vn second contre toy;
Et ton ame n'a point d'ennemy plus à craindre,
Que cette mesme chair, quand elle ose se plaindre
De l'esprit qui luy fait la loy.

Prens donc, prens pour toy-mesme vn mépris ve-
                                        (ritable
Qui te reduise au dernier rang,
Si tu veux mettre à bas ce pouuoir redoutable
Qu'ont sur toy la chair & le sang.
Mais tu t'aimes encor, & ton ame obstinée
Dans cette amour desordonnée,
Ne peut y renoncer sans trouble, & sans ennuy;
De là vient que ton cœur s'épouuante & s'indigne,
De là vient qu'il fremit, auant qu'il se resigne
Pleinement au vouloir d'autruy.

Que fais-tu de si grand, toy qui n'es que poussiere,
Ou pour mieux dire, qui n'es rien,
Quand tu soûmets pour moy ton ame vn peu moins
fiere
A quelque autre vouloir qu'au tien ?
Moy qui suis tout-puissant, moy qui d'vne parole
Ay bâty l'vn & l'autre Pole,
Et tiré du neant tout ce qui s'offre aux yeux;
Moy dont tout l'Vniuers est l'ouurage & le Temple,
Pour me soûmettre à l'homme, & te dõner l'exẽple,
Ie suis bien descendu des Cieux.

De ces palais brillans, où ma gloire ineffable
Remplit tout de mon seul objet,
Ie me suis raualé iusqu'au rang d'vn coupable,
Iusqu'à l'ordre le plus abjet :
Ie me suis fait de tous le plus humble & le moindre,
Afin que tu sçeusses mieux joindre
L'humble soûmission à ton indignité,
Et que malgré le Monde & ses vaines amorces,
Pour dompter ton orgueil , tu trouuasses des forces
Dans ma parfaite humilité.

Apprens de moy, pecheur, apprens l'obeïssance
Des sentimens humiliez,
Poudre, terre, limon, apprens de ta naissance
A te faire fouler aux pieds ;
Apprens à te ranger sous le plus rude empire,
Apprens à te vaincre, à dédire
De ton propre vouloir les desirs les plus doux,
Apprens à triompher des assauts qu'il te donne,
Apprens à t'asseruir à tout ce qu'on t'ordonne,
Apprens à te soûmettre à tous.

Fay que contre toy-mesme vn saint zele t'en-
flame
D'vne iuste indignation,
Pour étouffer soudain ce qui naist dans ton ame
De superbe & d'ambition :
Desenfle-la si bien qu'elle soit toûjours preste,
A voir que chacun sur ta teste
Par vn dernier mépris ose imprimer ses pas,
Que le plus rude affrôt n'ait pour toy rien d'étrage,
Et qu'alors qu'on te traite à l'égal de la fange,
Tu te mettes encor plus bas.

Dequoy murmures-tu, chetiue creature,
    Et comment peux-tu repartir,
Alors qu'on te reproche, à toy qui n'es qu'ordure,
    Ce que tu ne peux démentir ?
N'es-tu pas vn ingrat, vn rebelle à ma grace,
    D'auoir eu tant de fois l'audace,
D'offencer, de trahir le Dieu de l'Vniuers ?
Et tes attachemens, tes lâchetez, tes vices,
N'ont-ils pas mille fois merité les supplices,
    Qui me vangent dans les Enfers ?

Mais parce qu'à mes yeux ton ame est precieuse,
    Il m'a plû de te pardonner,
Et ie n'étens sur toy qu'vne main amoureuse,
    Qui ne veut que te couronner.
Voy par là ma bonté, voy quelle est sa puissance,
    Montre par ta recognoissance
Qu'enfin de mes bienfaits tu sçais le digne prix :
Fay de l'humilité ta plus douce habitude,
De la submission ta plus ardente étude,
    Et tes delices du mépris.

DAVID encore jeune Berger furmonte
le GEANT GOLIAT, et luy coupe la teste.
H. David Fecit

CHAPITRE XIV.

De la Consideration des secrets iugemens de Dieu, de peur que nous n'entrions en vanité pour nos bonnes actions.

Seigneur, tu fais sur moy tonner tes iugemens,
Tous mes os ébranlez tremblent sous leur me-
nace,
Ma langue en est muette, & mon cœur tout de glace
N'a plus pour s'expliquer que des fremissemens.

Mon ame épouuentée à l'éclat de leur foudre
S'égare de frayeur, & s'en laisse accabler,
Tout ce qu'elle preuoit ne fait que la troubler,
Et mon esprit confus ne sçauroit que resoudre.

Ie demeure immobile en ce mortel effroy,
Et par tout sous mes pas ie trouue vn precipice,
Ie voy quel est mon crime, & quelle est ta iustice,
Et ie sçay que le Ciel n'est pas pur deuant toy.

Tes Anges deuant toy n'ont pas esté sans tache,
Et tu n'as rien permis à ta pitié pour eux :
Estant plus criminel, serois-ie plus heureux,
Puisqu'à cette iustice il n'est rien qui me cache ?

Au plus creux de l'abyfme elle a fait trébucher
Ces Aftres fi brillans de gloire & de lumiere,
Et moy, Seigneur, & moy, qui ne fuis que pouffiere,
Croiray-ie auec raifon que ie te fois plus cher?

Les grands deuots comme eux font des cheutes
     étranges,
J'ay veu degenerer leurs plus nobles trauaux,
Et les fales rebuts des plus vils animaux
Plaire à leur mauuais gouft apres le pain des Anges.

La vertu la plus prefte à fe voir couronner,
Quand ta main fe retire, eft auffi-toft fragile;
Et toute la fageffe eft comme elle inutile,
Quand cette mefme main ceffe de gouuerner.

La force & la valeur trompent noftre efperance,
Si pour la conferuer tu n'auances ton bras;
Et iamais chafteté n'eft bien feure icy-bas,
Si ta protection ne fait fon affeurance.

Enfin fi nous n'auons ton aide & ton foûtien,
Si tu ne nous defens, fi tu ne nous regardes,
Tout l'effort qu'on fe fait pour eftre fur fes gardes,
N'eft qu'vn effort qui gêne, & qui ne fert de rien.

Le naufrage eft certain, fi tu nous abandonnes,
Le foin de l'éuiter nous fait mefme y courir;
Mais fi-toft que ta main daigne nous fecourir,
Nous rentrons à la vie, & gaignons les couronnes.

Nous fommes inconftans, mais tu nous affermis,
Noftre feu s'amortit, tu luy preftes des flames,

Et les saintes ardeurs que tu rends à nos ames
Sont autant de remparts contre nos ennemis.

  Qu'vn plein raualement ainsi m'est necessaire !
Que ie me dois pour moy des sentimens abjets !
Et quand ie fais du bien, si quelquefois i'en fais,
Le peu d'estat, Seigneur, qu'il m'est permis d'en
    faire !

  Que ie dois m'abaisser, que ie dois m'auilir,
Sous tes saints iugemens, sous leur profonds abys-
    mes ;
Où ie me voy sans plus vn neant plein de crimes,
Qui tout neant qu'il est, ose s'enorgueillir !

  O neant, ô vray rien, mais pesanteur extréme,
Mais charge insupportable à qui veut s'éleuer !
Mer sans riue, où par tout chacun se peut trouuer,
Mais sans trouuer par tout qu'vn neant en soy-
    mesme !

  Dans vn gouffre si vaste, où te retires-tu,
Où te peux-tu cacher, source de vaine gloire ?
Merite, où vois-tu lieu de flater la memoire ?
Où va la confiance en la propre vertu ?

  Tout s'abysme, Seigneur, dans cette mer profóde,
Que tes grands iugemens ouurent de toutes parts:
Et si tous les Mondains y jettoient leurs regards,
Il ne seroit iamais de vaine gloire au Monde.

  Que verroient-ils en eux qu'ils pûssent estimer,
S'ils voyoient deuãt toy ce qu'est leur chair fragile?

Pourroiët-ils bien souffrir qu'vne bourbeuse argile
S'enflast contre la main qui vient de la former ?

Vn cœur vraiment à toy ne prend iamais le
    change,
Et qui goûte vne fois l'esprit de verité,
Qui se peut y soûmettre auec sincerité,
Ne sçauroit plus goûter vne vaine loüange.

Ouy, quand ta verité l'a bien soûmis à toy,
Le bien qu'on dit de luy iamais ne le soûleue :
Qu'vn monde entier le loüe, vn monde entier acheue
    acheue
D'affermir les mépris qu'il a conçeus de soy.

Si-tost qu'il fixe en Dieu toute son esperance,
Les Eloges sur luy n'ont plus aucun pouuoir ;
Il entend leurs douceurs, mais sans s'en émouuoir,
Sans leur prester iamais la moindre complaisance.

Aussi tous les flateurs eux-mesmes ne sont rien,
Ce qu'ils donnent d'encens est comme eux perissa-
    ble,
Mais ta verité seule est toûjours immuable,
Et seule nous conduit iusqu'au souuerain bien.

H

S. FRANCOIS XAVIER
dans un Naufrage.

H. David fecit.

CHAPITRE XV.

Comme il faut nous comporter en tous les souhaits que nous faisons.

Pense à moy, mon enfant, quoy que tu te proposes,
Laisse-m'en disposer, & dis-en toutes choses :

O mon Dieu, si ton bon-plaisir
S'accorde à ce que ie souhaite,
Donne-m'en le succez conforme à mon desir;
Sinon, ta volonté soit faite.

Si ta gloire peut s'exalter
Par l'effet où j'ose pretendre,
Permets qu'en ton saint nom ie puisse executer
Ce que tu me vois entreprendre.

S'il doit seruir à mon salut,
Si mon ame en tire auantage,
Ainsi que ton honneur en est l'vnique but,
Que te seruir en soit l'vsage.

Mais s'il est nuisible à mon cœur,
S'il est inutile à mon ame,
Daigne éteindre, ô mon Dieu, cette friuole ar-
deur,
Et remply-moy d'vne autre flame.

Car souuent vn desir peut sembler vertueux,
Qui n'a de la vertu qu'vn air tumultueux,
Qu'vne ombre colorée, & ce n'est pas à dire,
Quoy qu'il paroisse bon, que c'est moy qui l'inspire.
Il ne t'est pas aisé de iuger au certain
Quel esprit meut ton ame, ou ta langue, ou ta
    main,
S'il est bon, ou mauuais, si l'vn ou l'autre est cause
Que tu fais vn souhait pour telle ou telle chose,
Ou si ce n'est enfin qu'vn simple mouuement
Qu'excite dans ton cœur ton propre sentiment.
Plusieurs y sont trompez, & leur fausse lumiere
Trouue le precipice au bout de la carriere,
Apres auoir creu prendre auec fidelité
Pour guide en tous leurs pas l'esprit de verité.

Tu dois donc, ô mon fils, toûjours auec ma
    crainte,
Toûjours l'humilité dedans ton cœur empreinte,
M'adresser tous tes vœux, me demander l'effet
De tout ce que tu crois digne de ton souhait,
Reduire tes desirs sous ce que ie desire,
M'en remettre le tout, & toûjours me redire :

Tu vois ce qui m'est le meilleur,
De mes maux tu sçais le remede,
Regarde mon desir, & regle-le, Seigneur,
Ainsi que tu veux qu'il succede.

Donne-moy ce que tu voudras,
Choisy le temps & la mesure,
Et comme il te plaira daigne étendre le bras
Sur ta chetiue creature.

Voy-moy gemir & trauailler,
Et pour tout fruit ne me deſtine
Que ce qui te plaiſt mieux , & qui fait mieux briller
L'éclat de ta gloire diuine.

Ordonne de tout mon employ
Par ta prouidence ſuprême,
Agy par tout en maiſtre , & diſpoſe de moy,
Sans conſiderer que toy-meſme.

Tiens-moy dans ta main fortement,
Tourne , retourne-moy ſans ceſſe,
Porte-moy ſans repos de la joye au tourment,
De la douleur à l'allegreſſe.

Tel qu'vn eſclaue preſt à tout,
Pour toy , non pour moy , ie veux viure;
C'eſt là mon ſeul deſir , puiſſay-ie iuſqu'au bout,
O mon Dieu , dignement le ſuiure.

O R A I S O N
Pour faire le bon-plaiſir de Dieu.

Doux arbitre de mon ſort,
Daigne m'accorder ta grace,
Qu'elle aide mon foible effort,
Et que ſa pleine efficace
Dure en moy iuſqu'à la mort.

Fay , Seigneur , que mon deſir
N'ait pour but inuariable,

Que ce que ton bon-plaisir
Aura le plus agreable,
Que ce qu'il voudra choisir.

Que ton vouloir soit le mien,
Que le mien toûjours le suiue,
Et s'y conforme si bien,
Qu'icy bas, quoy qu'il m'arriue,
Sans toy ie ne veüille rien.

Fay-le toûjours preualoir
Sur quoy que ie me propose,
Et mets hors de mon pouuoir
De vouloir aucune chose,
Que ce qu'il te plaist vouloir.

Fay-moy de sorte mourir
A tout ce qu'on voit au Monde,
Que ie ne puisse cherir
Sur la Terre, ny sur l'Onde,
Que ce qui ne peut perir.

Que ma gloire à l'abandon
Sous les mépris abysmée,
Conserue si peu mon nom,
Qu'à mes yeux la renommée
Doute si ie vis, ou non.

Fay que de tous mes souhaits
En toy seul ie me repose;
Fay qu'attendant les effets
Où mon ame se dispose,
Elle trouue en toy sa paix.

Toy seul es le vray repos,
Hors de toy le calme est rude,
Et la bonasse des flots
Augmente l'inquietude
Des plus sages matelots.

En cette paix donc , Seigneur,
Essentielle & supréme,
En cet vnique bonheur,
Qui n'est autre que toy-mesme,
Fay le repos de mon cœur.

S. LOVIS Roy de France gaigne le Ciel
par le bon usage des grandeurs. H. David fc.

CHAPITRE XVI.

Que les veritables consolations ne se doiuent chercher qu'en Dieu.

I'Epuise mon desir, i'épuise ma pensée,
  A chercher des contentemens,
   Qui par de vrais soulagemens.
Adoucissent les maux dont mon ame est pressée:
I'en trouue, mais helas! i'ay beau m'en figurer,
   I'ay beau les desirer,
Ce n'est point en ces lieux que ie les dois attendre;
   L'aduenir seul me les promet,
Cet heureux aduenir où chacun peut pretendre,
Mais qu'on n'obtient qu'au prix où la vertu le
 met.

 Quand par vn heureux choix d'euenemens pro-
  pices
   Le Monde me feroit sa Cour,
   Quand il n'auroit soin nuit & iour
Que d'inuenter pour moy de nouuelles delices;
Quand il attacheroit luy-mesme à mes costez
   Toutes ses voluptez,
De combien de momens en seroit la durée?
   Et quels biens me pourroit donner
Sa faueur la plus ferme & la mieux asseurée,
Qu'en vn coup d'œil peut-estre il faut abandon-
 ner?

N'espere point de joye, ô mon cœur, que friuole,
N'en espere aucune icy-bas,
Qu'en ce grand Dieu de qui le bras
Soûtient l'humble & le pauure, & par tout le con-
sole:
Quels que soient tes ennuis attens encor vn peu,
Sans attiedir ton feu,
Attens le doux effet des promesses diuines;
Et tu possederas bien-tost
Des biens encor plus grands que tu ne t'imagines,
Et que le Ciel pour toy garde comme en depost.

Ce lâche abaissement aux douceurs temporelles
Que le Siecle fait trop gouster,
Sert d'vn grand obstacle à monter
Dans ce palais de gloire où sont les eternelles :
Attache tes desirs, mon ame, à celles-cy,
Fais-en ton seul soucy,
Et regarde en passant celles-là pour l'vsage;
Ne t'en laisse plus ébloüir,
Ce Dieu, qui du neant te fit à son image,
Eut vn plus digne objet que de t'en voir joüir.

Dequoy te seruiroient tous les tresors du Monde,
Tous ceux que la Terre & la Mer
Dans leur sein peuuent enfermer,
Si ce n'est point sur eux qu'vn vray bôheur se fôde?
Le plus pompeux éclat de ces riches tresors
N'a qu'vn brillant dehors,
Qui n'excite au dedans que de l'inquietude ;
Il n'a point de solide bien,
Et si tu veux trouuer quelque beatitude,
Elle n'est qu'en ce Dieu qui crea tout de rien.

Mais garde-toy sur tout de la presumer telle,
Que se la peignent ces Mondains,
Dont les desirs brutaux & vains
Au gré de leur caprice en forment vn modelle :
Tu t'y dois figurer vn amas de vrais biens,
Tel que les vrais Chrestiens
Dans leur plus longs trauaux attendent sans mur-
mure,
Vn auantgoust delicieux,
Tel que sent quelquefois vne ame droite & pure,
De qui tout l'entretien s'éleue iusqu'aux Cieux.

Remply de cette idée, il te sera facile
De iuger l'instabilité,
Qu'a le Monde, & sa vanité,
Comme luy deceuante , & comme luy fragile.
La seule verité donne aux afflictions
Des consolations
Durables à l'égal de sa sainte parole;
Ainsi l'éprouuent les deuots,
Et portant en tous lieux vn Dieu qui les con-
sole,
Ils sçauent bien aussi luy dire à tous propos :

Benin Sauueur de la Nature,
Prens soin par tout de m'assister,
Et daigne sans cesse prester
Ton secours à ta creature.

Qu'au milieu de toutes mes peines
Ce me soit vn soulagement,
D'estre abandonné pleinement,
Des consolations humaines.

Qu'au defaut mesme de la tienne,
I'en trouue dans ta volonté,
Dont la iuste seuerité
Fait cette épreuue de la mienne.

Car enfin, Seigneur, ta colere
Fera place à des temps plus doux,
Et les fureurs d'vn Dieu jaloux
Cederont aux bontez d'vn pere.

I

ITA PROMPTVS
ESSE DEBES
AD PATIENDVM
S. ANDRE.
H. David fe.

CHAPITRE XVII.

Qu'il faut nous reposer en Dieu de tout le soin de nous-mesmes.

Laisse-moy te traiter ainsi que ie l'entens,
    Ie sçay ce qui t'est necessaire,
Ie iuge mieux que toy de ce que tu pretens,
    Encor vn coup laisse-moy faire.
Tu vois tout comme vn hôme, & sur tous les objets
Les sentimens humains conduisent tes projets,
Souuent ta passion elle seule y preside ;
Tu luy remets souuent le choix de tes desirs,
Et receuant ainsi cette aueugle pour guide,
Tu rencontres des maux, où tu crois des plaisirs.

    Ce que tu dis, Seigneur, n'est que trop veritable,
      Les soucis que tu prens de moy
Surpassent de bien loin tous ceux dont est capable
      L'amour propre, & son fol employ.

    Aussi faut-il sur toy pleinement s'en demettre,
      Sans se croire, sans se chercher,
Et qui n'en vse ainsi ne sçauroit se promettre
      De faire vn pas sans trébucher.

    Tiens donc ma volonté sous ton ordre celeste,
      Droite en tout temps, ferme en tous lieux,

Laisse-moy cette grace, & dispose du reste,
    Comme tu iugeras le mieux.

A cela prés, Seigneur, que ta main se déploye,
    Ie ne veux examiner rien,
Et ie suis asseuré que quoy qu'elle m'enuoye,
    Tout est bon, tout est pour mon bien.

Si tu veux m'éclairer de tes viues lumieres,
    Sois benit de cet heureux choix,
Si tu veux me laisser mes tenebres grossieres,
    Sois benit encor vne fois.

Si tu veux m'honorer de tes douces tendresses,
    Sois benit eternellement ;
Et si tu veux pour moy n'auoir que des rudesses,
    Sois-en benit également.

Ainsi tous tes souhaits se doiuent conceuoir,
    Si tu veux que ie les écoute,
Ainsi tu dois, mon fils, te mettre en mon pouuoir,
    Si tu veux marcher dans ma route.
Tiens ton cœur prest à tout, & d'vn visage égal
Accepte de ma main & le bien & le mal,
Le profond déplaisir & la pleine allegresse ;
Sois content pauure & riche, & toûjours satisfait,
Soit que ie te console, ou que ie te delaisse,
Beny ma prouidence & cheris-en l'effet.

Volontiers, ô mon Dieu, volontiers ie captiue
    Mes desirs sous ton saint vouloir,
Et pour l'amour de toy, ie veux quoy qu'il m'arriue,
    Souffrir tout sans m'en émouuoir.

Le succez le plus triste, & le plus fauorable,
Le plus doux, & le plus amer,
Me feront tous des choix de ta main adorable,
Qu'également il faut aimer.

Ie les receuray tous fans mettre difference
Entre le bon & le mauuais,
Ie les aimeray tous , & ma perfeuerance
T'en rendra graces à iamais.

Aux affauts du peché rends mon ame inuincible,
Daigne l'en faire triompher,
Et ie ne craindray point la mort la plus terrible,
Ny les puiffances de l'Enfer.

Pourueu que ma langueur ne foit iamais punie
Par vn eternel abandon,
Pourueu , Seigneur, pourueu que du liure de vie
Iamais tu n'effaces mon nom.

Fay pleuuoir des douleurs, fay pleuuoir des mi-
feres,
Fais-en fur moy fondre vn amas,
Rien ne pourra me nuire, & dans les plus ameres
Ie ne verray que des appas.

LA NATIVITE de IESVS CHRIST
dans la pauuretè —

H. Dauid fecit.

CHAPITRE XVIII.

Qu'il faut souffrir auec patience les miseres temporelles, à l'exemple de Iesus-Christ.

VOy, pecheur, combien tu me dois,
I'ay quitté le sein de mon pere,
Ie me suis reuestu de toute ta misere,
I'en ay voulu subir les plus indignes loix :
Le Ciel estoit fermé, tu n'y pouuois pretendre,
Pour t'en ouurir la porte, il m'a plû d'en descendre,
Sans que rien m'imposast cette necessité ;
Et pour prendre vne vie amere & douloureuse,
I'ay suiuy seulement la contrainte amoureuse
De mon immense charité.

Mais ie veux amour pour amour,
Ie veux, mon fils, que tu contemples
Ce que ie t'ay laissé de precieux exemples,
Comme autant de leçons pour souffrir à ton tour :
Que sous l'accablement des miseres humaines,
L'esprit dans les ennuis, & le corps dans les gênes,
Tu tiennes toûjours l'œil sur ce que i'ay souffert ;
Et que malgré l'horreur qu'en conçoit la Nature,
Tu t'offres sans relâche à souffrir sans murmure,
Ainsi que ie m'y suis offert.

Examine chaque moment
Qu'en terre a duré ma demeure,
Va du premier inftant iufqu'à la derniere heure,
Remonte de la fin iufqu'au commencement,
Tiens-en toute l'image à tes yeux eftenduë,
Verras-tu de mes maux la courfe fufpenduë,
De ces maux où pour toy ie me fuis abyfmé ?
La creche où ie nafquis vit mes premieres lar-
　　mes,
Tous mes iours n'ont efté que douleurs, ou qu'alar-
　　mes,
Et ma Croix a tout confommé.

Au manquement continuel
Des commoditez temporelles
On a joint contre-moy les plaintes, les querelles,
Et tout ce que l'opprobre auoit de plus cruel :
I'en ay porté la honte auec manfuetude,
I'ay veu fans m'indigner la noire ingratitude
Payer tous mes bienfaits d'vn outrageux mépris,
La fureur du blafpheme attaquer mes miracles,
Et l'orgueil ignorant condamner les oracles
Dont i'illuminois les efprits.

Il eft vray, mon Sauueur, que toute voftre vie
Eft de la patience vn miroir éclatant,
Et qu'vn fi grand exemple à fouffrir me conuie
Tout ce qu'a le malheur de plus perfecutant.

Puifque par là fur tout vous fçeuftes fatisfaire
Aux ordres que vous fit voftre Pere eternel,
Auec quelle raifon voudrois-ie m'y fouftraire,
L'innocent luy doit-il plus que le criminel ?

Il faut bien qu'à son tour le pecheur miserable
Accepte de ses maux toute la dureté,
Et soûmette vne vie infirme & perissable,
Aux souuerains decrets de vostre volonté.

Il est iuste à mon tour que sans impatience
I'en porte le fardeau pour mon propre salut,
Et que de ses ennuis la triste experience
Ne produise en mon cœur ny degoust, ny rebut.

La foiblesse attachée à nostre impure masse,
Trouue sa charge lourde, & fâcheuse à porter,
Mais par l'heureux secours de vostre sainte grace,
Plus le poids en est grand, plus il fait meriter.

Vostre exemple nous aide à souffrir auec joye,
Celuy de tous vos Saints nous rehausse le cœur,
L'vn & l'autre du Ciel nous applanit la voye,
L'vn & l'autre y soûtient nostre peu de vigueur.

Sous la loy de Moyse & son rude esclauage
La vie auoit bien moins dequoy nous consoler,
Le Ciel toûjours fermé laissoit peu de passage,
Par où iusques sur nous sa douceur pûst couler.

Sa route estoit alors beaucoup plus inconnuë,
Et sembloit se cacher sous tant d'obscurité,
Que peu pour la trouuer auoient assez de veuë,
Et tres-peu pour la suiure assez de fermeté.

Encor ce petit nombre en qui l'ame épurée
Auoit fait sur le Monde vn vertueux effort,

Voyoit bien dans le Ciel sa place preparée,
Mais pour s'y voir assis il falloit voſtre mort.

Il leur falloit attendre apres tous leurs meri-
    tes,
Que voſtre ſang verſé les rendiſt bienheureux;
Et vers voſtre Iuſtice ils n'eſtoient pas bien quittes,
A moins que voſtre amour payaſt encor pour eux.

Que ie vous dois d'encens, que ie vous dois de
    graces,
De m'auoir enſeigné le bon & droit chemin,
Et de m'auoir frayé ces douloureuſes traces
Qui menent ſur vos pas à des plaiſirs ſans fin.

La faueur m'eſt commune auec tous vos fidelles,
Qu'vnit la Charité ſous voſtre aimable loy,
Receuez-en, Seigneur, des graces eternelles,
Ie vous en rends pour eux, auſſi-bien que pour moy.

Car enfin voſtre vie eſt cette voye vnique
Où par la patience on marche iuſqu'à vous,
Par là voſtre Royaume à tous ſe communique,
Par là voſtre couronne eſt expoſée à tous.

Si vous n'auiez vous-meſme enſeigné cette voye,
Si vous n'y laiſſiez voir l'empreinte de vos pas,
Vous offririez en vain voſtre couronne en proye,
Prendroit-on vn chemin qu'on ne cognoiſtroit pas?

Si nous ceſſions d'auoir voſtre exemple pour
    guide,
Les moindres embarras nous feroient rebrouſſer,

Et toute noſtre ardeur abatuë & languide,
Tourneroit en arriere, au lieu de s'auancer.

Helas ! puiſqu'on s'égare auec tant de lumiere
Qu'épandent voſtre vie & vos enſeignemens,
Qui pourroit arriuer au bout de la carriere,
Si nous eſtions reduits à nos aueuglemens?

S. FRANCOIS renonce a la succession de son pere
et luy rend ses habitz en presence de son Euesque.

CHAPITRE XIX.

Comme il faut supporter les torts qu'on nous fait, & des marques de la veritable patience.

QV'as-tu , mon fils, que tu soûpires?
　　Considere ma Passion,
Considere mes Saints , regarde, leurs martires,
Et baisse apres les yeux sur ton affliction:
　　Qu'y trouues-tu qui leur soit comparable,
　　Toy qui pretens vne place en leur rang?
Va, cesse de nommer ton malheur deplorable,
Tu n'en es pas encor iusqu'à verser ton sang.

　　Tu souffres , mais si peu de chose
　　Au prix de ce qu'ils ont souffert,
Que le fardeau leger des croix que ie t'impose
Ne vaut pas que sur luy tu tiennes l'œil ouuert ;
　　Voy, voy plûtost celles qu'ils ont portées,
　　Voy quels tourmens a braué leur vertu,
Que d'assauts repoussez, que d'horreurs surmôtées,
Et si tu le peux voir , dy-moy que souffres-tu ?

　　Voy par mille épreuues diuerses
　　Leurs cœurs sans relâche exercez,
Voy-les benir mon nom dans toutes leurs trauerses,
Et tomber sous le faix sans en estre lassez:

K

Voy leur conſtance au milieu de leurs gênes
Se redoubler plus on les fait languir,
Meſure bien tes maux ſur l'excez de leurs peines,
Tes maux n'auront plus rien qui merite vn ſoûpir.

Sans doute alors que ta foibleſſe
Les trouue trop lourds à porter,
Ta ſeule impatience eſt tout ce qui te bleſſe,
Elle augmente le poids qu'elle croit rejetter :
Legers, ou lourds, ils ſont inéuitables,
Toute la vie eſt en butte aux malheurs,
Tâche donc à ſouffrir les plus inſupportables
Auec meſme repos que les moindres douleurs.

Tu te montres d'autant plus ſage,
Que tu t'y prepares le mieux,
Ton merite en augmente, & prend vn auantage
Qui te rend d'autant plus agreable à mes yeux :
La douleur meſme en eſt d'autant moins rude,
Quand le courage à ſouffrir diſpoſé
S'en eſt fait par auance vne douce habitude,
Et lors qu'il s'eſt vaincu, tout luy deuient aiſé.

Ne dy iamais pour ton excuſe,
Ie ne ſçaurois ſouffrir d'vn tel,
De mon trop de bonté ſa calomnie abuſe,
Le dommage eſt trop grand, l'outrage trop mortel,
A ma ruine il ſe montre inflexible,
Il prend pour but de me deſhonorer,
Ie ſouffriray d'vn autre , & ſeray moins ſen-
ſible
Selon que ie verray qu'il eſt bon d'endurer.

Cette penſée eſt folle, & vaine,
Et l'amour propre qu'elle ſuit
Sous ce diſcernement de la prudence humaine
Cache vn orgueil ſecret qui t'enfle & te ſeduit:
Au lieu de voir ce qu'eſt la patience,
Et quelle main la doit recompenſer,
Il attache tes yeux à voir quelle eſt l'offence,
Et meſurer la main qui vient de t'offencer.

La patience eſt delicate
Qui ne veut ſouffrir qu'à ſon choix,
Qui borne ſes malheurs , & iuſques là ſe flate,
Qu'elle en pretend regler & le nombre & le poids:
La veritable eſt d'vne autre nature,
Et quelques maux qui ſe puiſſent offrir,
Elle ne leur preſcrit ordre, temps, ny meſure,
Et n'a d'yeux que pour moy quand il luy faut ſouf-
frir.

Que ſon ſuperieur l'exerce,
Son pareil , ſon inferieur,
Elle eſt toûjours la meſme, & ſa peine diuerſe
Conſerue également ſon calme interieur:
Quelle que ſoit l'épreuue, ou la perſonne,
Elle y preſente vn courage affermy,
Et n'examine point ſi l'eſſay qui l'étonne
Vient d'vn homme de bien, ou d'vn lâche ennemy.

Sa vertueuſe indifference
Reçoit auec remercimens
Ces odieux treſors d'amertume & d'offence
Qui font par tout ailleurs tant de reſſentimens:

Autant de fois qu'elle se voit pressée,
Autant de fois elle l'impute à gain,
Et regarde si peu la main qui l'a blessée,
Que tout deuient pour elle vn present de ma main.

Instruite dans ma sainte école
Elle met son espoir aux Cieux,
Et sçait que dans ses maux, si ie ne la console,
Du moins ce qu'elle souffre est present à mes yeux ;
Qu'vn iour viendra que ma douce visite
De ses trauaux couronnera la foy,
Et qu'vn peu de souffrance amasse vn grand merite,
Quand ce peu qu'on endure est enduré pour moy.

Tiens donc la tienne toûjours preste
A toute épreuue, à tous combats,
Du moins si tu veux vaincre, & couronner ta teste
De ce qu'vn plein triomphe a de gloire & d'appas :
La patience a sa couronne acquise,
Mais sans combatre on n'y peut aspirer,
A qui souffre le mieux ma bouche l'a promise,
Et c'en est vn refus qu'vn refus d'endurer.

Encor vn coup, cette couronne
N'est que pour les hommes de cœur,
Si tu peux souhaiter qu'vn iour ie te la donne,
Resiste auec courage, & souffre auec douceur :
Sans le trauail & sans l'inquietude
Le plein repos ne se peut obtenir,
Et sans le dur effort d'vn combat long & rude
A la pleine victoire on ne peut paruenir.

Donne-moy donc ta grace , & par elle, Seigneur,
Fay pouuoir à ta creature
Ce qui semble impossible à la morne langueur
Où s'enseuelit la Nature.

Tu cognois mieux que moy que mõ peu de vertu
Ne peut souffrir que peu de chose;
Tu sçais que mon courage est soudain abatu,
Au moindre obstacle qui s'oppose.

Daigne le releuer de cet abatement,
Quelque injure qui me soit faite ;
Et fais-moy pour ton nom souffrir si constamment,
Que ie m'y plaise & le souhaite.

Car endurer pour toy l'outrage & le rebut,
Estre pour toy traité d'infame,
C'est prendre le chemin qui conduit au salut,
C'est la haute gloire de l'ame.

K iij

S. EVSTACHE apres auoir veu sa femme enle-
uée par un pirate voit en cor un de ses enfans emporté par un
lien l'autre par un loup.

H. David sc.

CHAPITRE XX.

De l'adueu de la propre infirmité, & des miferes de cette vie.

A Ma confufion, Seigneur, ie te confeffe
Quelle eft mon injuftice, & quelle eft ma foi-
blefle,
Ie veux bien te feruir de témoin contre moy:
Peu de chofe m'abat, peu de chofe m'attrifte,
Et dás tous mes fouhaits, pour peu qu'on me refifte,
Vn orgueilleux chagrin foudain me fait la loy.

I'ay beau me propofer d'agir auec courage,
Le moindre tourbillon me fait peur de l'orage,
Et renuerfe d'effroy mon plus ferme propos;
D'angoiffe & de dépit j'abandonne ma route,
Et me liurant moy-mefme à ce que ie redoute,
Ie me fais le joüet & des vents, & des flots.

C'eft bien pour en rougir de voir quelle tempefte
Souuent mes lâchetez attirent fur ma tefte,
Et combien ce grand trouble a peu de fondement:
C'eft bien pour en rougir de me voir fi fragile,
Que fouuent dans mon cœur la chofe la plus vile
Forme d'vne étincelle vn long embrafement.

Quelquefois au milieu de ma perfeuerance,
Lors que ie croy marcher auec quelque affeurance,
Et fournir ma carriere auec moins de danger;

Quand j'y pense le moins ie trébuche par terre,
Et lors que ie m'estime à l'abry du tonnerre,
Ie me trouue abatu par vn souffle leger.

Reçois-en l'humble adueu, Seigneur, & con-
 sidere
De ma fragilité l'impuissante misere,
Qui me met à toute heure en estat de perir :
Sans que ie te la montre, elle t'est trop connuë,
Elle est de tous costez exposée à ta veuë,
D'vn regard de pitié daigne la secourir.

Tire-moy de la fange où ma cheute m'engage,
De ce bourbier épais arrache ton image,
Que par mon propre poids ie n'y reste enfoncé :
Fay que ie me releue aussi-tost que ie tombe,
Fay que, si l'on m'abat, iamais ie ne succombe,
Fay que ie ne sois point tout à fait terrassé.

Ce qui deuant tes yeux rend mon ame confuse,
Ce qui dans elle-mesme à tous momens l'accuse,
Et me force à trembler sous vn iuste remords,
C'est de me voir si prompt à choir dans cette bouë,
Et qu'à mes passions, qu'en vain ie desauouë,
Ie n'oppose en effet que de lâches efforts.

Bien que ta main propice à mon cœur qui s'en
 fâche,
Au plein consentement iamais ne le relâche,
Et contre leurs assauts luy donne vn grand appuy ;
Le combat est fâcheux, il importune, il gêne,
Et comme la victoire est toûjours incertaine,
Viure toûjours en guerre accable enfin d'ennuy.

De mille objets impurs l'abominable foule
Qui iusqu'au fond du cœur en moins de rien se
    coule,
N'a pas pour en sortir mesme facilité ;
Leur plus legere idée a peine à disparoiſtre,
Le soin de l'effacer souuent l'obstine à croiſtre,
Et montre ainsi l'excez de mon infirmité.

Puiſſant Dieu d'Iſraël, qui jaloux de nos ames
Ne veux les voir brûler que de tes saintes flames,
Regarde mes trauaux , regarde ma douleur;
Secours par tes bontez ton seruiteur fidelle,
Et de quelque coſté que se tourne mon zele,
De tes diuins rayons preſte-luy la chaleur.

Répans dans mon courage vne celeſte force,
De peur que de la chair la dangereuse amorce,
Le vieil homme à l'esprit encor mal aſſeruy,
Se preualant sur moy de toute ma foibleſſe,
N'affermiſſe vn empire à cette chair traiſtreſſe,
Et que par l'esprit mesme il ne foit trop suiuy.

C'eſt contre cette chair, noſtre fiere ennemie,
Que tant que nous traiſnons cette ennuyeuse vie
Nous auons à combatre autant qu'à respirer ;
Quelle eſt donc cette vie, où tout n'eſt que miseres,
Que tribulations , que rencontres ameres,
Que pieges, qu'ennemis preſts à nous deuorer?

Qu'vne affliction paſſe , vne autre luy suc-
    cede,
Souuent elle renaiſt de son propre remede,
Et rentre du coſté qu'on la vient de bannir,

Vn combat dure encor, que mille autres furuiennét,
Et par l'enchaînement dont ils s'entrefoûtiennent
Font vn cercle de maux qui ne fçauroit finir.

Peut-on auoir pour toy quelque amour, quelque
 eftime,
O vie, ô d'amertume affreux & vafte abyfme,
Traînant & long fupplice, & de l'ame, & du corps?
Et parmy les malheurs dont ie te vois fuiuie,
A quel droit gardes-tu l'aimable nom de vie,
Toy dont le cours funefte engendre tant de morts?

On t'aime cependant, & la foibleffe humaine,
Bien qu'elle voye en toy les fources de fa peine,
Y cherche auidement celle de fes plaifirs:
Le Monde eft vn pipeur, on dit affez qu'il trompe,
Nous declamons affez contre fa vaine pompe,
Et nous ne laiffons point d'y porter nos defirs.

Le pouuoir dominant de la concupifcence
Qu'imprime en noftre chair noftre impure naif-
 fance,
Ainfi fous ce trompeur captiue nos efprits:
Mais il faut que le cœur faintement fe rebelle,
Et iuge quels motifs font aimer l'infidelle,
Et quels doiuent pouffer à fon iufte mépris.

Les appetits des fens, la foif de l'auarice,
L'orgueil qui veut monter au gré de fon caprice,
Enfantent cet amour que nous auons pour luy:
Les angoiffes d'ailleurs, les peines, les miferes,
Qui les fuiuent par tout comme dignes falaires,
En font naiftre à leur tour le dégouft & l'ennuy.

Mais vne ame à l'aimer lâchement adonnée,
Par d'infames plaisirs en triomphe menée,
Ne considere point ce qui le fait haïr :
Ce fourbe à ses regards déguise toutes choses,
Les nuits luy sont des iours , les épines des roses,
Tant les yeux subornez aident à la trahir.

Aussi n'a-t'elle rien qui l'en puisse défendre,
Les douceurs que d'enhaut Dieu se plaist à répandre
Sont des biens que iamais sa langueur n'a goûtez ;
Elle n'a iamais veu quel charme a ce grand maistre,
Ny combien la vertu qui craint de trop paroistre
Verse en l'interieur de saintes voluptez.

Le vray, le plein mépris des vanitez mondaines
Qu'embrassent en tous lieux ces ames vraiment
    saines,
Qui sous la discipline ont Dieu pour seul obiet:
C'est ce qui leur depart cette douceur exquise,
Et de sa propre voix Dieu mesme l'a promise
A qui peut s'affermir dans ce noble proiet.

Par là nostre ferueur enfin mieux éclairée
Proméne sur le monde vne veuë asseurée,
Que son flateur éclat ne sçauroit éblouïr :
Nous voyons comme il trompe , & se trompe luy-
    mesme,
Nous le voyons se perdre, & perdre ce qu'il aime
Au milieu des faux biens dont il pense joüir.

IESVS CHRIST espouse Ste CATHERINE de Sienne, et luy
met L'anneau au doit en presence de la Vierge et de plusieurs Saincts.
H. David fecit

CHAPITRE XXI.

Qu'il faut se reposer en Dieu par dessus tous les biens & tous les dons de la Nature & de la Grace.

MOn ame, c'est en Dieu par dessus toutes
   choses   (ses,
Qu'il faut qu'en tout, par tout, toûjours tu te repo-
Il n'est point de repos ailleurs que criminel,
Et luy seul est des Saints le repos eternel.

 Fay donc, aimable Autheur de toute la Nature,
Qu'en toy i'en trouue plus qu'en toute creature,
Plus qu'au plus long bonheur de la pleine santé,
Plus qu'aux plus vifs attraits dont charme la beauté,
Plus qu'au plus noble éclat de l'honneur le plus rare,
Plus qu'en tout le brillant dont la gloire se pare,
Plus qu'en toute puissance, & plus qu'au plus haut
Où puissent éleuer les charges & le sang, (rang
Plus qu'en toute science, & plus qu'en toute adresse,
Plus qu'en tout artifice, & qu'en toute richesse,
Plus qu'en toute la joye & les rauissemens
Que puissent prodiguer de pleins contentemens,
Plus qu'en toute loüange & toute renommée,
Qu'en toute leur illustre & pompeuse fumée,
Qu'en toutes les douceurs des consolations
Qui soulagent vn cœur dans ses afflictions.

L

Seigneur, puisqu'en toy seul ce vray repos habite,
Fay-le-moy prendre en toy par dessus tout merite,
Par dessus quoy que face esperer de plaisir
La plus douce promesse, ou le plus cher desir,
Par dessus tous les dons que ta main liberale
Pour enrichir vne ame abondamment étale,
Par dessus tout l'excez des plus dignes transports
Dont soit capable vn cœur remply de ces tresors,
Par dessus les secours que luy prestent les Anges,
Par dessus le soûtien qu'il reçoit des Archanges,
Par dessus tout ce gros de saintes legions
Qui de ton grand Palais peuplent les regions,
Par dessus tout enfin ce que tu rends visible,
Par dessus ce qui reste aux yeux imperceptible,
Et pour dire en vn mot tout ce que ie conçoy,
Par dessus, ô mon Dieu, tout ce qui n'est point toy.

Car tu possedes seul en vn degré supréme,
La bonté, la grandeur, & la puissance mesme,
Toy seul suffis à tout, toy seul en toy contiens
L'immense plenitude où sont tous les vrais biens,
Toy seul as les douceurs apres qui l'ame vole,
Toy seul as dans ses maux tout ce qui la console,
Toy seul as des beautez dignes de la charmer,
Toy seul es tout aimable, & toy seul sçais aimer,
Toy seul portes en toy ce noble & vaste abysme
Qui t'enuironne seul de gloire legitime,
Enfin c'est en toy seul que vont se reünir
Le passé, le present auec tout l'aduenir,
En toy qu'à tous momens s'assemblent & s'épurent
Tous les biens qui seront, & qui sont, & qui furent,
En toy que tous ensemble ils ont toûjours esté,
Qu'ils sont, & qu'ils seront toute l'eternité.

Ainsi tous tes presens autres que de toy-mesme
N'ont point dequoy suffire à cette ame qui t'ai-
   me,
A moins que de te voir, à moins que d'en joüir,
Son plein contentement ne peut s'épanoüir.
Quoy qu'asseure à ses vœux ta parole fidelle,
Quoy que de tes grandeurs ta bonté luy reuele,
Elle n'y trouue point où se rassassier,
Quelque chose luy manque où tu n'es pas entier,
Et mon cœur n'a iamais, ny de repos sincere,
Ny par où pleinement se pouuoir satisfaire,
S'il ne repose en toy, si de tout autre don
Il ne fait pour t'aimer vn solide abandon,
Si porté fortement à trauers les nuages
Iusqu'au dessus des airs & de tous tes ouurages,
Par les sacrez élans d'vn zele plein de foy
Sur les pieds de ton trône il ne s'attache à toy.

   Adorable Iesus, cher époux de mon ame,
Qui dans la pureté fais luire tant de flame,
Souuerain eternel, & de tous les humains,
Et de tout ce qu'ont fait & ta voix & tes mains,
Qui pourra me donner ces aisles triomphantes
Que d'vn cœur vraiment libre ont les ardeurs fer-
   uentes,
Afin que hors des fers de ce triste sejour
Ie vole dans ton sein, pour y languir d'amour ?

   Quand pourray-ie, Seigneur, bannir toute autre
   idée,
Et l'ame toute en toy, de toy seul possedée,
T'embrasser à mon aise & goûter à loisir
Combien ta veuë est douce au pur & saint desir?

L ij

Quand verray-ie cette ame en toy bien recueil-
   lie,
Sans plus faire au dehors d'imprudente saillie,
S'oublier elle-mesme à force de t'aimer,
Sensible pour toy seul en toy se transformer,
Ne se plus seruir d'yeux, de langue, ny d'oreilles,
Que pour voir, pour chanter, pour oüir tes mer-
   ueilles,
Et par ces doux trãsports que tu rends tout-puissans,
Passer toute mesure & tout effort des sens,
Pour s'vnir pleinement aux grandeurs de ton estre,
D'vne façon qu'à tous tu ne fais pas cognoistre.

Ie ne fais que gemir, & porte auec douleur,
Attendant ce beau iour, l'excez de mon malheur;
Mille sortes de maux dans ce val de miseres
Troublent incessamment ces élans salutaires,
M'accablent de tristesse, & m'offusquent l'esprit,
Rompent tous les effets de ce qu'il se prescrit,
Le détournent ailleurs, de luy-mesme le chassent,
Sous de fausses beautez l'attirent, l'embarassent,
Et m'ostant l'accez libre à tes attraits charmans
M'empeschent de joüir de tes embrassemens,
M'empeschent d'en goûter les douceurs infinies,
Qu'aux esprits bien-heureux iamais tu ne dénies.

Laisse-toy donc toucher, Seigneur, à mes soû-
   pirs,
Laisse-toy donc toucher, Seigneur, aux déplaisirs,
Qui de tous les costez tyrannisant la Terre
En cent & cent façons me declarent la guerre,
Et répandant par tout leur noire impression
N'y versent qu'amertume, & desolation.

Ineffable splendeur de la gloire eternelle,
Consolateur de l'ame en sa prison mortelle,
En ce pelerinage, où le celeste amour
Luy montrant son païs la presse du retour,
Si ma bouche est muette, écoute mon silence,
Escoute dans mon cœur vne voix qui s'élance;
Là d'vn ton que iamais nul que toy n'entendit
Cette voix sans parler te dit & te redit.

Combien dois-ie encor attendre?
Iusques à quand tardes-tu,
O Dieu tout bon, à descendre
Dans mon courage abatu?

Mon besoin t'en sollicite,
Toy qui de tous biens autheur
Peux d'vne seule visite
Enrichir ton seruiteur.

Vien donc, Seigneur, & déploye
Tous tes tresors à mes yeux,
Remply-moy de cette joye,
Que tu fais regner aux Cieux.

De l'angoisse qui m'accable
Daigne estre le Medecin,
Et d'vne main charitable
Dissipes-en le chagrin.

Vien, mon Dieu, vien sans demeure,
Tant que ie ne te voy pas
Il n'est point de iour ny d'heure
Où ie goûte aucun appas.

L iij

Ma joye en toy seul reside,
Tu fais seul mes bons destins,
Et sans toy ma table est vuide
Dans la pompe des festins.

Sous les miseres humaines,
Infecté de leur poison,
Et tout chargé de leurs chaisnes,
Ie languis comme en prison:

Iusqu'à ce que ta lumiere
Y répande sa clarté,
Et que ta faueur entiere
Me rende ma liberté:

Iusqu'à ce qu'apres l'orage,
La nuit faisant place au iour,
Tu me montres vn visage
Qui soit pour moy tout d'amour.

Que d'autres enyurez de leurs folles pensées
Suiuent au lieu de toy leurs ardeurs insensées,
Que le reste du monde attache ses plaisirs
Aux friuoles objets de ses boüillans desirs, (plaire,
Rien ne me plaist, Seigneur, rien ne pourra me
Que toy, qui seul de l'ame es l'espoir salutaire.
Ie ne m'en tairray point, & sans cesse ie veux
Iusqu'au Ciel, iusqu'à toy pousser mes humbles
        vœux,
Tant que ma triste voix enfin mieux entenduë,
Tant que ta grace enfin à mes soûpirs renduë,
Tu daignes pour réponse à cette voix sans voix
D'vn mesme accent me dire & redire cent fois;

Me voicy, ie viens à ton aide,
Ie viens guerir les maux où tu m'as appelé,
Et ma main secourable apporte le remede
Dont tu dois estre consolé.

De mon trône i'ay veu tes larmes,
I'ay veu de tes desirs l'amoureuse langueur,
I'ay veu tes repentirs, tes douleurs, tes alarmes,
Et l'humilité de ton cœur.

I'ay voulu si peu me défendre
De tout ce que leur veuë attiroit de pitié,
Que iusques dans ton sein il m'a plû de descen-
dre
Par vn pur excez d'amitié.

A ces mots tout saisi d'vn transport extatique,
Ma joye & mon amour te diront pour replique:

Il est vray, mes gemissemens
Ont eu recours à ta clemence,
Pour obtenir la joüissance
De tes sacrez embrassemens.

Il est vray que mon cœur épris
Du bonheur que tu luy proposes,
Veut bien pour toy de toutes choses
Faire vn illustre & saint mépris.

Mais tu m'excites le premier
A rechercher ta main puissante,
Et sans ta grace preuenante
Ie me plairois dans mon bourbier.

Sois donc benit de la faueur
Que ta haute bonté m'accorde,
Et presse ta misericorde
D'augmenter toûjours ma ferueur.

Qu'ay-ie à dire de plus, que puis-ie dauantage
Que te rendre à iamais vn iuste & plein hommage,
Sous tes saintes grandeurs toûjours m'humilier,
De mon propre neant iamais ne m'oublier,
Et par vn souuenir fidelle & magnanime
Déplorer à tes pieds ma bassesse & mon crime?

Quoy qui charme sur terre ou l'oreille, ou les
    yeux,
Quoy que l'esprit luy-mesme admire dans les Cieux,
Ces miracles n'ont rien qui te soit comparable,
Et tu demeures seul à toy-mesme semblable:
Sur tout ce que tu fais ta haute majesté
Graue l'impression de sa propre bonté,
Dans tous tes iugemens la verité preside,
Ta seule Prouidence au Monde sert de guide,
Et son ordre eternel qui regit l'Vniuers
En fait sans se changer les changemens diuers.

A toy gloire & loüange, ô Diuine Sagesse;
Puisse ma voix se plaire à te benir sans cesse,
Puisse iusqu'au tombeau mon cœur l'en aduoüer,
Et tout estre creé s'vnir à te loüer.

S. PIERRE CELESTIN *se demet auec joye du Pontificat.*

H. David fecit.

CHAPITRE XXII.

Qu'il faut conseruer le souuenir de la multitude des bien-faits de Dieu.

DE tes loix à mon cœur ouure l'intelligence,
Seigneur, conduy mes pas sous tes ensei-
    gnemens,
Et dans l'étroit sentier de tes commandemens
Fay-moy sous tes clartez marcher sans negligence:
Instruy-moy de ton ordre & de tes volontez,
Esleue mes respects iusques à tes bontez
Pour faire de tes dons vne exacte reueuë,
Soit qu'ils me soient communs auec tous les hu-
    mains,
Soit que par priuilege vne grace impreueuë
Pour me les départir les choisisse en tes mains.

Que tous en general presens à ma memoire,
Que de chacun à part le digne souuenir,
De ce que ie te dois puissent m'entretenir,
Afin que ie t'en rende vne immortelle gloire;
Mais ma recognoissance a beau le projetter,
Tous mes remerciemens ne sçauroient m'acquiter,
A ma honte, ô mon Dieu, ie le sçais & l'auouë;
Et pour peu que de toy ie puisse receuoir,
S'il faut que dignement ma foiblesse t'en louë,
Ma foiblesse iamais n'en aura le pouuoir.

    Non, il n'est point en moy de pouuoir bien ré-
        pondre
Au moindre écoulement de tes sacrez tresors,
Et quand pour t'en benir ie fais tous mes efforts
Les efforts que ie fais ne font que me confondre.
Quand ie porte les yeux iusqu'à ta Majesté,
Quand i'ose en contempler l'auguste immensité,
Et mesurer l'excez de ta magnificence,
Soudain tout ébloüy de ces viues splendeurs,
Ie sens dans mon esprit d'autant plus d'impuissance,
Qu'il a veu de plus prés tes celestes grandeurs.

    Nos ames & nos corps de ta main liberale
Tiennent toute leur force & tous leurs ornemens,
Ils ne doiuent qu'à toy ces embellissemens
Que le dedans recéle, ou le dehors étale :
Tout ce que la Nature ose faire de dons,
Tout ce qu'au dessus d'elle icy nous possedons,
Sont des épanchemens de ta pleine richesse : (tiens,
Toy seul nous as fait naistre, & toy seul nous main-
Et tes bienfaits par tout nous font voir ta largesse,
Qui nous prodigue ainsi toute sorte de biens.

    Si l'inégalité se trouue en leur partage,
Si l'vn en reçoit plus, si l'autre en reçoit moins,
Tout ne laisse pas d'estre vn effet de tes soins,
Et ce plus & ce moins te doiuent mesme hômage.
Sans toy le moindre don ne se peut obtenir,
Et qui reçoit le plus, se doit mieux prémunir
Contre ce doux orgueil où l'abondance inuite,
Et dequoy que sur tous il soit auantagé,
Il ne doit, ny s'enfler de son propre merite,
Ny traiter de mépris le plus mal partagé.
                                L'homme

L'homme eſt dautant meilleur que moins il s'at-
    tribuë,
Il eſt dautant plus grand qu'il s'abaiſſe le plus,
Et qu'en te beniſſant pour tant de biens receus.
Il recognoiſt en ſoy ſa pauureté plus nuë.
C'eſt par le zele ardent, c'eſt par l'humilité,
C'eſt par le ſaint adueu de ſon indignité
Qu'il attire ſur luy de plus puiſſantes graces;
Et qui ſe peut iuger le plus foible de tous,
S'affermit dautant plus à marcher ſur tes traces,
Et va dautãt plus haut qu'il prend mieux le deſſous.

Celuy pour qui ta main ſemble eſtre plus auare
Doit le voir ſans triſteſſe & ſouffrir ſans ennuy,
Et ſans porter d'enuie aux plus riches que luy
Attendre auec reſpect ce qu'elle luy prepare.
Au lieu de murmurer contre ta volonté,
C'eſt à luy de loüer ta diuine bonté,
Qui fait tous ſes preſens ſans égard aux perſonnes:
Tu donnes librement & préuiens le deſir,
Mais il eſt iuſte auſſi que de ce que tu donnes
Le partage pour loy n'ait que ton bon-plaiſir.

Ainſi que d'vne ſource en biens inépuiſable
De ta benignité tout decoule ſur nous,
Sans deuoir à perſonne elle depart à tous,
Et quoy qu'elle departe, elle eſt toute adorable:
Tu ſçais ce qu'à chacun il eſt bon de donner,
Et quand il faut l'étendre, ou qu'il la faut borner,
Ton ordre a ſes raiſons qui reglent toutes choſes;
L'examen de ton choix ſied mal à nos eſprits,
Et du plus & du moins tu cognois ſeul les cauſes,
Toy qui cognois de tous le merite & le prix.
M

Aussi veux-ie tenir à faueur souueraine
D'auoir peu de ces dons qui brillent au dehors,
De ces dons que le Monde estime des tresors,
De ces dons que par tout suit la loüange humaine:
Ie sçay qu'assez souuent ce sont de faux luisans,
Que la pauureté mesme est vn de tes presens,
Qui porte de ton doigt l'inestimable empreinte;
Et qu'entre les mortels estre bien raualé
Donne moins vn sujet de chagrin & de plainte,
Qu'vne digne matiere à viure consolé.

Tu n'as point fait icy dans l'or, ny dans l'yuoire,
Le choix de tes amis , & de tes commensaux,
Mais dans le plus bas rang & les plus vils trauaux
Que le Monde orgueilleux ait bannis de sa gloire.
Tes Apostres, Seigneur, en font de bons témoins;
Eux à qui du troupeau tu laissas tous les soins,
Eux qu'ordonnoit ta main pour Princes sur la
    Terre,
De quel ordre eminent les auois-tu tirez ?
Et quel estoit l'éclat de Iaques, & de Pierre,
Dans vne barque vsée, & des rets déchirez?

Cependant sans se plaindre ils ont traisné leur vie,
Et plongez qu'ils estoient dans la simplicité,
Le precieux éclat de leur humilité
Aux plus grands Potentats ne portoit point d'enuie:
Ils agissoient par tout sans malice & sans fard,
Et la superbe en eux auoit si peu de part
Que de l'ignominie ils faisoient leurs delices;
Les opprobres pour toy ne les pouuoient lasser,
Et ce que fuit le Monde à l'égal des supplices,
C'estoit ce qu'auec joye ils couroient embrasser.

Ainſi qui de tes dons cognoiſt bien la nature
N'en conçoit point d'égal à celuy d'eſtre à toy,
D'auoir ta volonté pour immuable loy,
D'accepter ſes decrets ſans trouble & ſans murmure:
Il te fait ſur luy-meſme vn empire abſolu,
Et quand ta Prouidence ainſi l'a reſolu,
Il tombe ſans triſteſſe au plus bas de la rouë:
Ce qu'il eſt ſur vn trône, il l'eſt ſur vn fumier,
Humble dans les grandeurs, content parmy la bouë,
Et tel au dernier rang, qu'vn autre eſt au premier.

Son ame de ta gloire vniquement charmée,
Et maiſtreſſe par tout de ſa tranquillité,
La trouue dans l'opprobre, & dans l'obſcurité,
Comme dans les honneurs, & dans la renommée:
Pour regle de ſa joye il n'a que ton vouloir,
Par tout ſur toute choſe il le fait preualoir,
Soit que ton bon-plaiſir l'éleue, ou le rauale;
Et ſon eſprit ſe plaiſt à le voir s'accomplir,
Plus qu'en tous les preſens dont ta main le regale,
Et plus qu'en tous les biens dont tu le peux remplir.

M ij

IESVS CHRIST lauant les pieds
a ses Apostres.
H. Dauid fecit.

CHAPITRE XXIII.

De quatre points fort importans pour acquerir la Paix.

MAintenant que ie voy ton ame plus capable
De mettre vn ordre à tes souhaits,
Ie te veux enseigner comme on obtient la paix,
Et la liberté veritable.

Dégage tost cette promesse,
I'en receuray, Seigneur, l'effet auec plaisir;
Hâte-toy de répondre à l'ardeur qui m'en presse,
Et donne-moy cette allegresse,
Toy qui fais naistre ce desir.

En premier lieu, mon fils, tâche plûtost à faire
Le vouloir d'autruy que le tien :
Aime si peu l'éclat, le plaisir, & le bien,
Que le moins au plus s'en prefere.

Cherche le dernier rang, prens la derniere place,
Vis auec tous comme sujet,
Et donne à tous tes vœux pour seul & plein objet,
Qu'en toy ma volonté se face.

Qui de ces quatre points embrasse la pratique,
Prend le chemin du vray repos,
Et s'y conseruera, pouruec qu'à tous propos
A leur saint vsage il s'applique.

Seigneur, voila peu de paroles,
Mais qui font l'abregé de la perfection,
Et ce long embarras de queſtions friuoles
Dont retentiſſent nos écoles,
Laiſſe bien moins d'inſtruction.

Ces deux mots que ta bouche auance
Ouurent vn ſens profond au cœur qui les compréd,
Et quand il en peut joindre auec pleine cónſtance
La pratique à l'intelligence,
O Dieu, que le fruit en eſt grand!

Si pour les bien mettre en vſage,
I'auois aſſez de force & de fidelité,
Le trouble qui ſouuent déchire mon courage,
N'y feroit pas ce grand rauage
Auec tant de facilité.

Autant de fois que me domine
La noire inquietude, ou le peſant chagrin,
Ie ſens autant de fois que de cette doctrine
I'ay quitté la route diuine,
Pour ſuiure vn dangereux chemin.

Toy qui peux tout, toy dont la grace
Aime à nous ſoûtenir, aime à nous éclairer,
Redouble en moy ſes dons, & fay tant qu'elle paſſe
Iuſqu'à cette heureuſe efficace,
Qui m'empeſche de m'égarer.

Que mon ame ainſi mieux inſtruite
Embraſſe de la gloire vn glorieux rebut,
Et que de tes conſeils l'inuariable ſuite

Soit d'acheuer fous leur conduite
Le grand œuure de mon falut.

ORAISON
Contre les mauuaifes penfées.

N'Efloigne point de moy ta dextre fecourable,
Viens, ô maiftre du Ciel, viens, ô Dieu de
mon cœur,
Ne me refufe pas vn regard fauorable
A fortifier ma langueur.

Voy les penfers diuers qui m'affiegent en foule,
Vois-en des legions contre moy fe ranger,
Voy quel excez de crainte en mon ame fe coule,
Voy la gemir & s'affliger.

Contre tant d'ennemis prefte-moy tes miracles,
Pour paffer au trauers fans en eftre bleffé,
Et donne-moy ta main pour brifer les obftacles
Dont tu me vois embaraffé.

Ne m'as-tu pas promis de leur faire la guerre?
Ne m'as-tu pas promis de marcher deuant moy,
Et d'abatre à mes pieds ces tyrans de la Terre,
Qui penfent me faire la loy?

Ouy, tu me l'as promis, & de m'ouurir les portes,
Si iamais leurs fureurs me iettoient en prifon,
Et d'apprédre à ce cœur qu'enfoncét leurs cohortes
Les fecrets d'en auoir raifon.

Vien donc tenir parole, & fais quitter la place
A ces noirs escadrons qu'arme, & pousse l'Enfer;
Ta presence est leur fuite, & leur montrer ta face,
C'est assez pour en triompher.

C'est là l'vnique espoir, dont mon ame troublée
Adoucit la rigueur des tribulations,
C'est là tout son recours, quand elle est accablée
Sous le poids des afflictions.

Toy seul es son refuge, & seul sa confiance,
C'est toy seul qu'au secours son zele ose appeler,
Cependant qu'elle attend auecque patience
Que tu daignes la consoler.

ORAISON
Pour obtenir l'illumination de l'ame.

Esclaire-moy, mon cher Sauueur,
Mais de cette clarté qui cachant sa splendeur
Chasse mieux du dedans tous les objets funebres,
Et qui purge le fond du cœur
De toute sorte de tenebres.

Estouffe ces distractions,
Que pour troubler l'effet de mes intentions
A ma plus digne ardeur meslent leur insolence,
Et dompte les tentations
Qui m'osent faire violence.

Secours-moy d'vn bras vigoureux,
Terrasse autour de moy ces monstres dangereux,

Ces auortons rufez d'vne fubtile flame,
   Qui fous vn abord amoureux
   Iettent leur poifon dans vne ame.

   Que la paix ainfi de retour
Te faffe de mon cœur comme vne fainte Cour,
Où ta loüange feule inceffamment refonne,
   Et rende grace à ton amour
   Du puiffant appuy qu'il me donne.

   Abats les vents, calme les flots,
Tu n'as qu'à dire aux vns, demeurez en repos,
Aux autres, arreftez, c'eft moy qui le commande;
   Et foudain apres ces deux mots
   La tranquillité fera grande.

   Répands donc tes faintes clartez,
Fay briller iufqu'icy tes hautes veritez,
Et que toute la Terre en foit illuminée,
   En dépit des obfcuritez
   Où fes crimes l'ont condamnée.

   Ie fuis cette terre fans fruit,
Dont la fterilité fous vne épaiffe nuit
N'enfante que chardons, que ronces, & qu'épi-
nes ;
   Voy, Seigneur, où i'en fuis reduit,
   Iufqu'à ce que tu m'illumines.

   Verfe tes graces dans mon cœur,
Fais-en pleuuoir du Ciel l'adorable liqueur,
A mon aridité prefte leurs eaux fecondes,

Preste à ma traisnante langueur
La viuacité de leurs ondes.

Qu'ainsi par vn prompt changement
Ce desert arrosé se trouue en vn moment
Vn champ delicieux où regne l'abondance,
Et paré de tout l'ornement
Que des bons fruits a l'excellence.

Mais ce n'est pas encor assez,
Esleue à toy mes sens sous le vice oppressez,
Et romps si bien pour eux des chaisnes si funestes,
Que mes desirs desbarassez
N'aspirent qu'aux plaisirs celestes.

Que le goust du bien souuerain
Déracine en mon cœur l'attachement humain,
Et faisant aux faux biens vne immortelle guerre,
M'obstine au genereux dédain
De tout ce qu'on voit sur la Terre.

Fay plus encor, vse d'effort,
Vse de violence, & m'arrache d'abord
A cette indigne joye, à ces douceurs impures,
A ce perissable support
Que promettent les creatures.

Car ces creatures n'ont rien
Qui forme vn plein repos, qui produise vn vray
bien,
Leurs charmes sont trompeurs, leurs secours infidelles,

Et tout leur appuy fans le tien
S'ébranle, & trébuche comme elles.

Daigne donc t'vnir feul à moy,
Attache à ton amour par vne ferme foy
Toutes mes actions, mes defirs, mes paroles,
Puifque toutes chofes fans toy
Ne font que vaines, & friuoles.

S. ARNOVL refuse la Couronne Ducale et
L'EVESCHÉ de METZ. H David fec.

CHAPITRE XXIV.

Qu'il ne faut point auoir de curiosité pour les actions d'autruy.

Banny, mon fils, de ton esprit
La curiosité vagabonde & sterile,
   Son empressement inutile
Peut étouffer les soins de ce qui t'est prescrit :
   Si tu n'as qu'vne chose à faire,
Qu'ont tel & tel succez qui t'importe en effet ?
Preferé au superflu ce qui t'est necessaire,
Et suy-moy, sans penser à ce qu'vn autre fait.

               (vain,
   Qu'vn tel soit humble, ou qu'il soit
Qu'il parle, qu'il agisse en telle, ou telle sorte,
   Encor vne fois que t'importe?
Ay-ie mis sa conduite, ou sa langue en ta main?
   As-tu quelque part en sa honte ?
Répondras-tu pour luy de son peu de vertu?
Ou si c'est pour toy seul que tu dois rendre conte,
De grace, enfin dy-moy, dequoy t'embroüilles-tu?

   Souuien-toy que du haut des Cieux
Ie perce d'vn regard l'vn & l'autre hemisphere,
   Et que le plus secret mystere
N'a point d'obscurité qui le cache à mes yeux ;

           N

Rien n'échappe à ma cognoiſſance,
Ie voy tout ce que font les méchans, & les Saints,
I'entens tout ce qu'on dit , ie ſçay tout ce qu'on
　　penſe,
Et iuſqu'au fond des cœurs ie lis tous les deſſeins.

Tu dois donc me remettre tout,
Puiſque tout ſur la Terre eſt preſent à ma veuë :
Que tout autre à ſon gré remuë,
Conſerue en plein repos ton ame iuſqu'au bout.
Quoy qu'il excite de tempeſte,
Quelques lâches ſoucis qui puiſſent l'occuper,
Tout ce qu'il fait & dit reuiendra ſur ſa teſte,
Et pour ruſé qu'il ſoit, il ne me peut tromper.

Ne cherche point l'éclat du nom,
Ce qu'il a de brillant ne va iamais ſans ombre;
Ne cherche en amis, ny le nombre,
Ny les étroits liens d'vne forte vnion :
Tout cela ne fait que diſtraire,
Et ce peu qu'au dehors il iette de ſplendeur,
Par la malignité d'vn effet tout contraire,
T'enfonce plus auant les tenebres au cœur.

Ie t'entretiendray volontiers,
Ie te veux bien inſtruire en ma ſçauante école,
Iuſqu'à t'expliquer ma parole,
Iuſqu'à t'en reueler les ſecrets tous entiers ;
Mais il faut que ta diligence
Sçache bien obſeruer les momens où ie viens,
Et qu'auec mes bontez ton cœur d'intelligence
Ouure ſoudain la porte à mes doux entretiens.

Tu n'en peux receuoir le fruit,
Si ce cœur auec soin ne preuoit ma venuë;
Commence donc , & continuë,
Prepare-moy la place, & m'attens iour & nuit.
Ioins la vigilance aux prieres,
L'oraison redoublée est vn puissant secours,
Mais rien n'attire mieux mes celestes lumieres,
Que de t'humilier, & par tout, & toûjours.

BOECE *emprisonnè injustement pour la foy composé*
dans sa prison quantité de beaux liures. HDavidfe.

CHAPITRE XXV.

En quoy consiste la veritable Paix & le veritable auancement.

IE l'ay dit autrefois, ie vous laisse ma paix,
Ie vous la donne à tous, & les dons que ie fais
N'ont rien de perissable, ainsi que ceux du Monde;
Tous aiment cette paix, tous voudroient la trouuer,
Mais tous ne cherchent pas le secret où se fonde
Le bien de l'acquerir & de la conseruer.

Ma paix est auec l'humble, auec le cœur benin,
Si tu veux posseder vn bon-heur si diuin,
Ioins à ces deux vertus beaucoup de patience :
Mais ce n'est pas encore assez pour l'obtenir,
Preste-moy donc, mon fils, vn moment de silence,
Et ie t'enseigneray tout l'art d'y paruenir.

Tiens la bride seuere à tous tes appetits,
Prens garde exactement à tout ce que tu dis,
N'examine pas moins tout ce que tu veux faire;
Et donne à tes desirs pour immuable loy,
Que leur vnique objet soit le bien de me plaire,
Et leur vnique but de ne chercher que moy.

Ne t'embarasse point des actions d'autruy,
Laisse-là ce qu'il dit, & ce qu'on dit de luy,
A moins qu'à tes soucis sa garde soit commise;

Chasse enfin tout friuole & vain empressement,
Et le trouble en ton cœur trouuera peu de prise,
Ou s'il l'agite encor, ce sera rarement.

Mais ne t'y trompe pas, viure exempt de mal-
    heur,
Le cœur libre d'ennuys, & le corps de douleur,
N'estre iamais troublé d'aucune inquietude,
Ce n'est point vn vray calme en ces terrestres lieux,
Et ce don n'appartient qu'à la beatitude
Que pour l'Eternité ie te reserue aux Cieux.

Ainsi quand tu te vois sans aucuns déplaisirs,
Que tout de tous costez répond à tes desirs,
Qu'il ne t'arriue rien d'amer, ny de contraire,
N'estime pas encor auoir trouué la paix,
Ny que tout soit en toy si bon, si salutaire,
Qu'on ait lieu de te mettre au nombre des parfaits.

Ne te croy pas non plus ny grand, ny bien aimé,
Pour te sentir vn zele à ce point enflamé,
Qu'à force de tendresse il te baigne de larmes;
Des solides vertus la vraye affection
Ne fait point consister en tous ces petits charmes
Ny ton auancement, ny ta perfection.

Enquoy donc, me dis-tu, consiste pleinement
Cette perfection, & cet auancement?
Cette paix veritable, où se rencontre-t'elle?
Ie veux bien te l'apprendre : Elle est en premier
    lieu,
A t'offrir tout entier d'vn cœur vraiment fidelle,
Aux ordres souuerains du vouloir de ton Dieu.

Cette soûmission à mes sacrez decrets
Te doit fermer les yeux par tous tes interests,
Soit qu'ils soient de petite, ou de grande importāce:
N'en cherche dans le temps , ny dans l'Eternité,
Et souhaite le Ciel moins pour ta recompense,
Que pour y voir mon nom à iamais exalté.

Montre vn visage égal aux changemens diuers,
Dans le plus doux bon-heur, dans le plus dur reuers,
Rends-moy sans t'émouuoir mesme action de gra-
   ces :
Tiens la balance droite à chaque euenement,
Tiens-la ferme à tel point que iamais tu ne passes
Iusques dans la foiblesse, ou dans l'emportement.

Si tu sens qu'au milieu des tribulations
Ie retire de toy mes consolations,
Et te laisse abismé sous ce qui te rauage;
Forme des sentimens dautant plus resolus,
Et soûtiens ton espoir auec tant de courage,
Qu'il prepare ton cœur à souffrir encor plus.

Ne te retranche point sur ton integrité,
Comme si tu souffrois sans l'auoir merité,
Et que pour tes vertus ce fust vn exercice :
Fuy cette vaine idée , & comme criminel,
En toutes mes rigueurs adore ma iustice,
Et beny mon couroux, & saint, & paternel.

C'est comme il te faut mettre au droit & vray
   chemin,
Qui seul te peut conduire à cette paix sans fin,
Qu'à mes plus chers amis moy-mesme i'ay laissée:

Suy-le ſur ma parole, & croy ſans t'ébranler,
Qu'apres ta patience à mon choix exercée,
Mes clartez de nouueau te viendront conſoler.

Que ſi iamais l'effort d'vn zele tout de foy
Par vn parfait mépris te détache de toy,
Pour ne plus reſpirer que ſous ma Prouidence ;
Sçache qu'alors tes ſens à moy ſeul aſſeruis
Poſſederont la paix dans ſa pleine abondance,
Autant qu'en peut ſouffrir cet exil où tu vis.

S. IEAN CALIBITE demande L'aumosne a sa
Mere et est chassè par elle de sa maison sans quil se
face cognoistre.
H. Dauid fecit

CHAPITRE XXVI.

Des Excellences de l'ame libre, que l'humble priere fait plûtost meriter, que l'étude.

Seigneur, qu'il faut estre parfait
Pour tenir vers le Ciel l'ame toûjours tenduë,
Sans iamais relâcher la veuë
Vers ce que sur la Terre on fait!

A trauers tant de soins cuisans
Passer comme sans soin, non ainsi qu'vn stu-
pide,
Que son esprit morne & languide
Assoupit sous les plus pesans;

Mais par la digne fermeté
D'vne ame toute pure & toute inébranlable,
Par vn priuilege admirable
De son entiere liberté:

Détacher son affection
De tout ce qu'icy-bas vn cœur mondain adore!
Seigneur, i'ose le dire encore,
Qu'il y faut de perfection!

O Dieu tout bon, Dieu tout-puissant,
Defens-moy des soucis où cette vie engage,
Qu'ils n'enueloppent mon courage
D'vn amas trop embarassant.

Sauue-moy des necessitez
Dont le soûtien du corps m'importune sans cesse,
Que leur surprise, ou leur mollesse
Ne donne entrée aux voluptez.

Enfin deliure-moy, Seigneur,
De tout ce qui peut faire vn obstacle à mon ame,
Et changer sa plus viue flame
En quelque mourante langueur.

Ne m'affranchy pas seulément
Des folles passions dont la Terre est si pleine,
Et que la vanité mondaine
Suit auec tant d'empressement.

Mais de tous ces petits malheurs,
Dont répand à toute heure vne foule importune
La malediction commune
Pour peine sur tous les pecheurs.

De tout ce qui peut retarder
La liberté d'esprit où ta bonté m'exhorte,
Et semble luy fermer la porte
Quand tu veux bien me l'accorder.

Ineffable & pleine douceur,   (me
Daigne, ô mon Dieu, pour moy changer en amertu-
Tout

Tout ce que le Monde preſume
Couler de plus doux dans mon cœur.

Banny ces conſolations
Qui peuuent émouſſer le gouſt des eternelles,
Et liurer mes ſens infidelles
A leurs folles impreſſions.

Banny tout ce qui fait chetir
L'ombre d'vn bien preſent ſous vn attrait ſenſible,
De qui le piege imperceptible
Nous met en eſtat de perir.

Fay, Seigneur, auorter en moy
De la chair & du ſang les dangereux intrigues,
Fay que leurs ruſes, ny leurs ligues
Ne me faſſent iamais la loy.

Fay, que cet éclat d'vn moment
Dont le Monde éblouït quiconque oſe le croire,
Cette brillante & fauſſe gloire,
Ne me deçoiue aucunement.

Quoy que le Diable oſe inuenter,
Pour ouurir ſous mes pas vn mortel precipice,
Fay, que ſa plus noire malice
N'ait point dequoy me ſupplanter.

Pour combatre, & pour ſouffrir tout,
Donne-moy de la force & de la patience,
Donne à mon cœur vne conſtance
Qui perſeuere iuſqu'au bout.

O

Fay que i'en puisse voir proscrit
Le goust de ces douceurs où le Monde preside,
Fay qu'il laisse la place vuide
A l'onction de ton Esprit.

Au lieu de cet amour charnel
Dont l'impure chaleur soüille ce qu'elle enflame,
Fay couler au fond de mon ame
Celuy de ton nom eternel.

Boire, & manger, & se vestir,
Sont d'étranges fardeaux qu'impose la Nature,
O qu'vn esprit feruent endure
Quand il s'y faut assujettir!

Fay-m'en vser si sobrement
Pour reparer vn corps où l'ame est enfermée,
Qu'elle ne soit point trop charmée
De ce qu'ils ont d'allechement.

Leur bon vsage est vn effet
Que le propre soûtien a rendu necessaire,
Et ce corps qu'il faut satisfaire
N'y peut renoncer tout à fait:

Mais de cette necessité
Aller au superflu, passer iusqu'aux delices,
Et par de lâches artifices
Y chercher sa felicité!

C'est ce que nous défend ta loy,
De peur que de la chair l'insolence rebelle

A son tour ne range sous elle
L'esprit qui doit estre son Roy.

Entre ces deux extremitez
De leur iuste milieu daigne si bien m'instruire,
Que les excez qui peuuent nuire
Soient de part & d'autre éuitez.

O ij

HELIODORVS voulant piller les tresors
du Temple est terrassé par un Cavalier armé
et flagellé par deux Anges. H. David fecit.

CHAPITRE XXVII.

Que l'amour propre nous détourne extrêmement du souuerain bien.

Donne-moy tout pour tout, donne-toy tout à
    moy,
Sans te rien reseruer, sans rien garder en toy,
    Par où tu te sois quelque chose;
L'amour propre est pour l'ame vn d'ägereux poison,
Et les autres malheurs où son exil l'expose,
    Quelle qu'en puisse estre la cause,
    N'entrent point en comparaison.

    Selon l'empressement, l'affection, les soins,
Chaque chose à ton cœur s'attache plus, ou moins,
    Ils en sont l'vnique mesure;
Si ton amour est pur, simple, & bien ordonné,
Tu pourras hautement brauer la creature,
Sans craindre en toute la Nature
    Que rien te retienne enchaisné.

    Ne desire donc point, fuy-mesme à regarder
Tout ce que sans faillir tu ne peux posseder,
    Tout ce qui broüille ton courage;
Banny tout ce qui peut offusquer sa clarté
Sous l'obscure épaisseur d'vn indigne nuage,
    Et changer en triste esclauage
    L'interieure liberté.

Chose étrange, mon fils, parmy tant d'embar-
ras;
Que du fond de ton cœur tu ne te ranges pas
  Sous ma Prouidence ineffable,
Et qu'vne folle idée étouffant ton deuoir,
T'empesche de soûmettre à mon ordre adorable
  Tout ce que tu te sens capable
  Et de souhaiter, & d'auoir !

  Pourquoy t'accables-tu de soucis superflus,
Et qui te fait liurer tes sens irresolus
  Au vain chagrin qui les consume ?
Arreste ta conduite à mon seul bon-plaisir,
N'admets aucune flame, à moins que ie l'allume,
  Et l'angoisse, ny l'amertume
  Ne te pourront iamais saisir.

  Si pour l'interest seul de tes contentemens
Tu veux choisir les lieux & les euenemens
  Que tu penses deuoir te plaire ;
Tu ne te verras point dans vn entier repos,
Et les mesmes soucis dont tu te crois défaire
  Sur ton bon-heur imaginaire
  Reuiendront fondre à tous propos.

  Le succez le plus doux & le plus recherché
Aura pour ton mal-heur quelque defaut caché
  Par où corrompre tes delices,
Et de quelque sejour que tu fasses le choix,
Ou l'enuie, ou la haine, ou d'importuns capri-
ces,
  Ou de secretes injustices
  T'y feront bien porter ta Croix.

Ce n'eſt point, ny l'acquis par d'aſſidus efforts,
Ny ce qu'vn long bon-heur multiplie au dehors,
    Qui te ſert pour ma Paix diuine;
C'eſt vn interieur & fort détachement,
Qui retranchant du cœur iuſques à la racine
    L'indigne amour qui te domine,
    T'y donne vn prompt auancement.

Ioins au mépris des biens celuy des dignitez,
Ioins au mépris du rang celuy des vanitez
    D'vne inconſtante renommée:
On condamne demain ce qu'on loüe aujourd'huy,
Et cette gloire enfin dont l'ame eſt ſi charmée,
    Comme le Monde l'a formée,
    S'éclipſe & paſſe comme luy.

Ne t'aſſeure non plus au changement de lieux,
Le Cloiſtre le plus ſaint ne garantit pas mieux,
    Si la ferueur d'eſprit n'abonde;
Et la paix qu'on y trouue en ſa pleine vigueur
Ne deuient qu'vne paix ſterile & vagabonde,
    Si le zele ardent ne la fonde
    Sur la ſtabilité du cœur.

Tiens-y donc ce cœur ſtable & ſoûmis à mes loix,
Ou tu t'y changeras & mille & mille fois
    Sans eſtre meilleur, ny plus ſage;
Et les occaſions y ſçauront rejetter,
Y ſçauront malgré-toy ſemer pour ton partage,
    Autant de trouble, & dauantage
    Que tu n'en voulus éuiter.

ORAISON
Pour obtenir la pureté du cœur.

Affermy donc, Seigneur, par les graces puissãtes
De qui ton saint Esprit est le distributeur,
Les doux élancemens de ces ferueurs naissantes,
    Dont tu daignes estre l'Autheur.

Détache-moy si bien de la foiblesse humaine,
Que l'homme interieur se fortifie en moy,
Et purge tout mon cœur de tout ce qui le gêne,
    Et de tout inutile employ.

Que d'importuns desirs iamais ne le déchirent,
Que d'vn mépris égal il traite leurs objets,
Sans que les plus brillans de leur costé l'attirent,
    Sans qu'il s'amuse aux plus abjets.

Fay-moy voir les plaisirs, les richesses, la gloire,
Ainsi que de faux biens qui passent en vn iour,
Fay-leur pour tout effet grauer en ma memoire,
    Que ie dois passer à mon tour.

Sous le Ciel rien ne dure, & par tout sa lumiere
Ne voit que vanitez, que troubles, qu'embarras;
O que sage est celuy qui de cette maniere
    Enuisage tout icy bas !

Donne-la-moy, Seigneur, cette haute sagesse,
Qui te cherchant sur tout te trouue iour & nuit,

Et qui t'aimant sur tout, n'a ny goust, ny tendresse,
    Que pour ce qu'elle y fait de fruit.

Qu'elle peigne à mes yeux toutes les autres cho-
    ses,
Non telles qu'on les croit, mais telles qu'elles font,
Pour en vfer dans l'ordre à quoy tu les difpofes,
    Dans l'impuiffance qu'elles ont.

Que fon dédain accort rejette auec prudence
Du plus adroit flateur l'hommage empoifonné,
Et ne murmure point de voir par l'impudence
    Son meilleur aduis condamné.

Ne fe point émouuoir pour des paroles vaines,
Qui font bruit au dehors, & ne font que du vent,
Et refufer l'oreille à la voix des Sirenes
    Dont tout le charme eft deceuant ;

C'eft vn des grands fecrets, par qui l'ame aduan-
    cée
Sous ta fainte conduite au bon & vray fentier,
Pourfuit en feureté la route commencée,
    Et fe fait vn bon-heur entier.

DAVID meprise les jnjures que luy conte SEMEI
et les pierres quil luy jette. H. Dauid Fecit.

CHAPITRE XXVIII.

Contre les langues médisantes.

MOn fils, si quelques-vns forment des senti-
      mens
    Qui soient à ton desaduantage,
S'ils tiennent des discours, s'ils font des iugemens
Qui ternissent ta gloire, & te facent outrage:
Ne t'en indigne point, n'en fais point le surpris,
    Quels que soient leurs mépris,
Ton estime pour toy doit estre encor plus basse;
Tu dois croire au milieu de leur indignité,
Quelque puissante en toy que tu sentes ma grace,
Qu'il n'est foiblesse égale à ton infirmité.

Si dans l'interieur vn bon & saint employ
    Te donne vne demarche forte,
Tu ne prendras iamais le mal qu'on dit de toy,
Que pour vn son volage, & que le vent emporte.
Il faut de la prudence en ces momens fâcheux,
    Et celle que ie veux,
Celle que ie demande, est qu'on sçache se taire;
Qu'on sçache au fond du cœur vers moy se retour-
    ner,
Sans relâcher en rien son alleure ordinaire,
Pour chose que le Monde en veiiille condamner.

Ne fais point cet honneur aux hommes impar-
faits,
     Que leur vain langage te touche,
Ne fay point consister ta gloire, ny ta paix,
En ces discours en l'air qui sortent de leur bouche:
Que de tes actions ils iugent bien, ou mal,
     Tout n'est-il pas égal?
Ton ame en deuient-elle, ou plus nette, ou plus
noire?
En as-tu plus ou moins, ou d'amour, ou de foy?
Et pour tout dire enfin, la veritable gloire,
La veritable paix, est-elle ailleurs qu'en moy?

    Si tu peux t'affranchir de cette lâcheté,
     Dont l'esclauage volontaire
Cherche à leur agréer auec auidité,
Et conte à grand mal-heur celuy de leur déplaire;
Tu joüiras alors d'vne profonde paix,
     Et dans tous tes souhaits
Tu la verras passer en heureuse habitude:
Les indignes frayeurs, le fol emportement,
C'est ce qui dans ton cœur iette l'inquietude,
C'est ce qui de tes sens fait tout l'égarement.

IESVS CHRIST priant
DIEV au jardin des Oliues.

H. David fecit.

CHAPITRE XXIX.

Comment il faut inuoquer Dieu, aux approches de la tribulation.

TV le veux, ô mon Dieu, que cette inquietude,
Ce profond déplaisir vienne troubler ma paix,
Apres tant de douceurs ta main veut m'estre rude,
Et moy, i'en veux benir ton saint nom à iamais.

Ie ne sçaurois parer ce grand coup de tempeste,
Ses approches desia me font pâlir d'effroy,
Et tout ce que ie puis c'est de baisser la teste,
C'est de forcer mon cœur à recourir à toy.

Ie ne demande point que tu m'en garantisse,
Il suffit que ton bras daigne estre mon appuy,
Et que l'heureux secours de tes bontez propices
Me rendent salutaire vn si cuisant ennuy.

Ie le sens qui m'accable : Ah Seigneur, que j'en-
Que d'agitations me déchirent le cœur !   (dure !
Qu'il se trouue au milieu d'vne étrange torture,
Et qu'il y soûtient mal sa mourante vigueur !

Pere doux & benin, qui cognois ma foiblesse,
Que faut-il que ie die en cet accablement ?
Tu vois de toutes parts quelle rigueur me presse,
Sauue-moy, mon Sauueur, d'vn si cruel tourment.

Mais il n'eſt arriué, ce moment qui me tuë,
Qu'à deſſein que ta gloire en prenne plus d'éclat,
Lors qu'apres auoir veu ma conſtance abatuë,
On la verra par toy brauer ce qui l'abat.

Eſtends donc cette main puiſſante & debonnaire
Qui par noſtre triomphe acheue nos combats;
Car, chetif que ie ſuis, ſans toy que puis-ie faire,
De quel coſté ſans toy puis-ie tourner mes pas ?

Encor pour cette fois donne-moy patience,
Ayde-moy par ta grace à ne point murmurer,
Et ie ne craindray point ſur cette confiance,
Pour grands que ſoient les maux qu'il me faille en-
durer.

Cependant derechef que faut-il que ie die ?
Ton ſaint vouloir ſoit fait, ton ordre executé;
Perte de biens, diſgrace, opprobre, maladie,
Tout eſt iuſte, Seigneur, & i'ay tout merité.

C'eſt à moy de ſouffrir, & plaiſe à ta clemence,
Que ce ſoit ſans chagrin, ſans bruit, ſans m'échaper,
Iuſqu'à ce que l'orage ait moins de vehemence,
Iuſqu'à ce que le calme ait pû le diſſiper.

Ta main toute-puiſſante eſt encor auſſi forte,
Que l'ont ſentie en moy tant d'autres déplaiſirs,
Et peut rompre le coup que celuy-cy me porte,
Comme elle a mille fois arreſté mes ſoûpirs.

Elle qui de mes maux domptant la barbarie,
A ſouuent des abois rappelé ma vertu,

Peut encor de ceux-cy moderer la furie,
De peur que ie n'en fois tout-à-fait abatu.

    Ouy, ta pitié, mon Dieu, foûtenant mon courage,
Peut le rendre vainqueur de leur plus rude affaut,
Et plus ce changement m'eſt vn penible ouurage,
Et plus il eſt facile à la main du Tres-haut.

VENIAS AD ME
CVM TIBI NON
FVERIT BENE
IESVS CHRIST
rend la veue à vn aueugle.
H. David fecit.

CHAPITRE XXX.

Comme il faut demander le secours de Dieu, auec confiance de recouurer sa grace.

Viens à moy, mon enfant, lors que tu n'es pas
   bien,
Fay-moy de ton angoisse vn secret entretien,
Dans les plus mauuais iours, quelque coup qu'elle
   porte,
Ie suis toûjours ce Dieu qui console & conforte :
Mais tout ce qui retient ces consolations
Que ie verse d'enhaut sur les afflictions,
C'est que bien, qu'elles soient leurs remedes vni-
   ques,
A me les demander vn peu tard tu t'appliques.
Auant que ie te voye à mes pieds prosterné,
M'inuoquer dans les maux dont tu te sens gêné,
Tu fais de vains essays de tout ce que le Monde
Promet d'amusemens à ta douceur profonde,
Et cet égarement de tes vœux imprudens
Va chercher au dehors ce que i'offre au dedans.

Ainsi ce que tu fais te sert de peu de chose,
Ainsi ce que tu fais à d'autres maux t'expose,
Iusqu'à ce qu'il souuienne à ton reste de foy
Que i'en sçay garantir quiconque espere en moy,

Et qu'il n'eſt, ny ſecours ailleurs qui ne leur cede,
Ny conſeil fructueux, ny durable remede.

De quelques tourbillons que ton cœur ſoit ſur-
  pris
Apres qu'ils ſont paſſez, rappelle tes eſprits,
Voy ma miſericorde, & reprens dans ſa veuë
La premiere vigueur de ta force abatuë :
Ie ſuis aupres de toy tout preſt à reſtablir
Tout ce que la tempeſte y pourroit affoiblir,
Et non pas ſeulement d'vne égale meſure,
Mais auec abondance, auec excez d'vſure,
En ſorte que les biens qui te ſeront rendus
Seruent de comble à ceux qui te ſemblent perdus.

D'où vient que ſur ce point ta croyance vacille?
Peux-tu rien conceuoir qui me ſoit difficile ?
Ou reſſemblay-ie à ceux dont le foible ſoûtien
Oſe beaucoup promettre , & n'execute rien ?
Qu'as-tu fait de ta foy ? que fait ton eſperance ?
Montre vne ame plus ferme en ſa perſeuerance,
Sois fort, ſois courageux, endure, eſpere, attens,
Les conſolations te viendront en leur temps.
Moy-meſme ie viendray te retirer de peine,
Ie viendray t'apporter ta gueriſon certaine :
Le trouble où ie te voy n'eſt qu'vn peu de frayeur
Qui t'accable l'eſprit d'vne vaine terreur ;
L'aduenir inconſtant fait ton inquietude,
Tu crains ſes prompts reuers, & leur viciſſitude,
Mais à quoy bon ces ſoins, qu'à te donner enfin
Triſteſſe ſur triſteſſe, & chagrin ſur chagrin ?
Ceſſe d'aller ſi loin mandier vn ſupplice,
Chaque iour n'a que trop de ſa propre malice,

Chaque iour n'a que trop de son propre tourment,
Qui se charge de plus, souffre inutilement,
Et tu ne dois fonder ny déplaisir, ny joye,
Sur ces douteux succez que l'aduenir déploye,
Qui peut-estre suiuront ce que tu t'en promets,
Et qui peut-estre aussi n'arriueront iamais.

Mais l'homme de soy-mesme a ces desauanta-
    ges,
Qu'il se laisse ébloüir par de vaines images,
Et qu'il s'en fait souuent vn fantosme trompeur
Qui tire tout à luy son espoir, & sa peur.
C'est la marque d'vne ame encor foible & legere,
Que d'estre si facile à ce qu'on luy suggere,
Et de porter soudain vn pied mal affermy
Vers ce qu'à ses regards presente l'ennemy.

Cet imposteur rusé tient dans l'indifference
S'il deçoit par la vraye, ou la fausse apparence;
Il n'importe des deux à ses illusions,
Qui remplisse ton cœur de folles visions;
Tout luy deuient égal, pourueu qu'il te seduise,
Tout luy deuient égal, pourueu qu'il te détruise.
Si l'amour du present ne l'y fait paruenir,
Il y mesle aussi-tost l'effroy de l'auenir,
Sa haine en cent façons à te perdre est sçauante;
Mais ne te trouble point, ne prens point l'épou-
    uante,
Crois en moy, tiens en moy ton espoir arresté,
Prens confiance entiere en ma haute bonté,
Oppose-la sans crainte aux traits qu'il te decoche,
Quand tu me crois bien loin, souuent ie suis bien
    proche,

Souuent, quand ta langueur presume tout perdu,
C'est lors que ton soûpir est le mieux entendu,
Et tu touches l'instant dont tu me sollicites,
Qui te doit auancer à de plus grands merites.

                                (temps,
   Non, tout n'est pas perdu, pour quelque contre-
Pour quelque effet contraire à ce que tu pretens,
Tu n'en dois pas iuger suiuant ce qu'en presume
Le premier sentiment d'vne telle amertume,
Ny de quelque costé que viennent tes malheurs,
Toy-mesme aueuglément t'obstiner aux douleurs,
Comme si d'en sortir toute esperance éteinte
Abandonnoit ton ame à leur mortelle atteinte.

   Ne te repute pas tout à fait delaissé,
Bien que pour quelque temps ie t'y laisse enfoncé,
Bien que pour quelque temps tu sentes retirées
Ces consolations de toy si desirées.
Ainsi ta fermeté s'éprouue beaucoup mieux,
Et c'est ainsi qu'on passe au Royaume des Cieux:
Le chemin est plus seur, plus il est difficile,
Et pour quiconque m'aime, il est bien plus vtile,
Qu'il se voye exercé par quelques déplaisirs,
Que si l'effet par tout secondoit ses desirs.

   Ie lis du haut du Ciel iusque dans ta pensée,
Ie voy iusqu'à quel point ton ame est oppressée,
Et iuge auantageux, qu'elle soit quelquefois
Sans aucune douceur au milieu de ses croix,
De peur qu'vn bon succez ne t'enfle & ne t'éleue,
Iusqu'à t'attribuer ce que ma main acheue,
Iusqu'à te plaire trop en ce qu'il a d'appas,
Et prendre quelque gloire en ce que tu n'es pas.

Quelque grace ſur toy qu'il m'ait plû de répan-
   dre,
Ie puis quand il me plaiſt te l'oſter & la rendre,
Quelques dons que i'accorde à tes plus doux ſou-
    haits,
Ils ſont encore à moy quand ie te les ay faits,
Ie te donne du mien quand ce bon-heur t'arriue,
Et ne prens point du tien alors que ie t'en priue,
Parce que ces biens meſme apres t'eſtre donnez
Font part de mes treſors dont ils ſont emanez,
Et leur perfection me deuant tout ſon eſtre,
Quand ie t'en fais joüir, i'en ſuis encor le maiſtre.

   Tout eſt à moy, mon fils, tout vient, tout part de
    moy,
Reçoy tout de ma main ſans chagrin, ſans effroy;
Si ie te fais traiſner vn deſtin miſerable,
Si ie te fais languir ſous l'ennuy qui t'accable,
Ne perds ſous ce fardeau patience, ny cœur,
Ie puis en vn moment ranimer ta langueur,
Ie puis mettre vne borne aux maux que ie t'enuoye,
Et changer tout leur poids en des ſujets de joye:
Mais ie ſuis toûjours iuſte en te traitant ainſi,
Toûjours digne de gloire, & i'en attens auſſi,
Et ſoit que ie t'éleue, ou que ie te rauale,
Ie veux d'vn ſort diuers vne loüange égale.

   Si tu peux bien iuger de ma ſeuerité,
Si tu peux ſans nuage en voir la verité,
Les coups les plus perçans d'vne longue infortune
N'auront rien qui t'abate, & rien qui t'importune,
Loin de t'en attriſter, de meilleurs ſentimens
Ne t'y feront voir lieu que de remercîmens,

Ne t'y feront voir lieu que de pleine allegresse,
Dans cette dureté tu verras ma tendresse,
Et reduiras ta joye à cet vnique point,
Que ma faueur t'afflige, & ne t'épargne point.

Ouy, ie te fais faueur, quand ie te suis seuere,
I'ay pour toy tout l'amour qu'auoit pour moy mon
      pere,
I'ay pour toy tout l'amour qu'autrefois ie promis
A ce troupeau choisi de mes plus chers amis,
Ces Disciples aimez, que ie liuray sur Terre
Aux cruelles fureurs d'vne implacable guerre,
A d'eternels combats, à d'eternels dangers,
Et non pas aux douceurs des plaisirs passagers.
Ie les enuoyay tous, au mépris, à l'injure,
Et non à ces honneurs qui flatent la Nature;
Non à l'oisiueté, mais à de longs trauaux,
Et ie les plongeay tous dans ces gouffres de maux,
Afin que leur amere & rude experience
Les enrichist des fruits que fait la patience.
Souuien-toy donc, mon fils, de ces instructions,
Si-tost que tu te vois dans les afflictions.

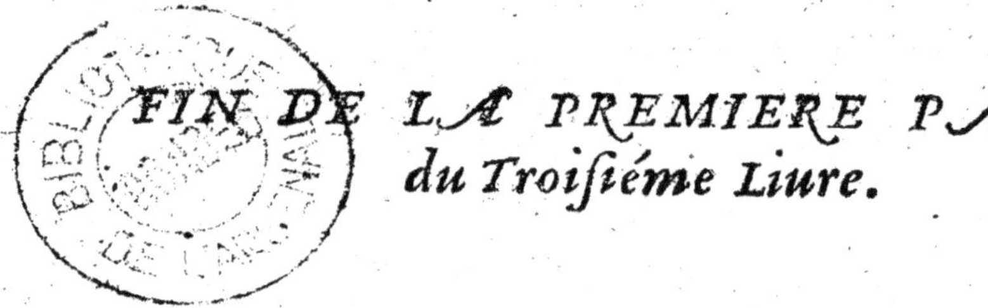

FIN DE LA PREMIERE PARTIE
du Troisiéme Liure.